深度思維

讓邏輯思維更強大，打造更厲害的自己

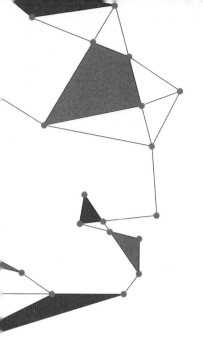

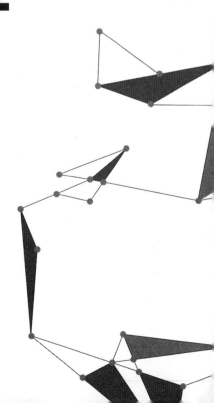

葉修 著

自序　思維即命運

人類發展史上，決定個體是否強大的關鍵因素一直在變化。

原始的狩獵時代，最重要的是肌肉力量。高大的身材、強健的肌肉和迅捷的反應速度讓原始人有更大的概率捕捉到獵物，並避免被猛獸傷害。農耕時代體力勞動依然是主流。你需要健壯的身體去揮舞鋤頭和砍伐柴火，但也需要一點農耕知識。到工業時代，機器替代人的體力，最重要的東西變成了知識，火藥、醫藥、工程等方面的稀缺知識讓人成為社會的精英，培根還喊出經典口號——知識就是力量。

進入互聯網時代後，知識已經不稀缺了，思維能力已成為人們追捧的新晉熱門。如今，學校、企業和各類嚴肅場合裡，無不在談論思維能力的重要性。但是廣泛的談論並不代表它已被普遍掌握，儘管在幾十年的熱烈探討和教育系統的初步努力下，一些簡單的思維能力得到了普及，但深度思維的能力仍然是稀缺品，並成為這個時代個體崛起的重要入場券。

現在我們需要更清晰地瞭解，什麼是深度思維。

深度思維給人的初始聯想，大約是更深刻、更接近本質的思維，是更高級、一般人想不到的思維，但這樣的描述似乎太抽象。為了更清晰地理解「深度」的意義，我們不妨先來探討，怎樣的思維可以稱為與之對應的「淺度」思維。

第一種淺度，是邏輯鏈條的短淺，無法認知較長的因果鏈條。比如，下象棋的時候只能考慮一到兩步，解數學題的時候只能往後推論一至二級，又或者對事情發生的原因只能分析出最淺近的直接原因。

第二種淺度，是思維過程中只能從最熟悉的地方出發，缺乏切換視角的靈活性。比如我們在溝通、規劃、寫文案等事項中，往往只從自己的角度出發（因為我們最熟悉的就是自己），而無法切換到別人的視角上去換位思考。

第三種淺度，是對於訊息量較大、較複雜問題的束手無力。如果要求在短時間內處理大量資訊，很多人的思維能力是跟不上的，大腦常常處於超載狀態。心理學的研究告訴我們，資訊超載的狀態既會帶來思考效率的低下，也是造成拖延症的原因之一。不幸的是，手頭同時進行七八件事情、遭受大量雜亂資訊的轟炸正是現代人的工作常態。

第四種淺度，是只關注眼前的、近處的、近期的內容，而缺乏長遠規劃、全局掌控的宏觀視角。比如我們容易在日常的工作中精打細算，卻未能對長期趨勢進行研究、把握並據此進行人生規劃；或者我們常常只關注和研究個體，而對個體與環境的複雜關係缺乏瞭解；又或者，我們緊盯手頭一個個零散的事項，對整個任務的宏觀流程缺乏認知和掌控。

這四種淺度就是一般人思維過程中的局限和弱點。對應的，能在這四個方面進行突破和改善的，則可以稱為深度思維。

深度思維：

擁有較長的思維邏輯鏈，能夠認知較長的因果鏈條；

能夠突破自我中心的局限，靈活切換看待問題的視角；

能夠處理較大的訊息量，在雜亂的資訊流中保持思維能力；

能夠在宏觀視角上分析問題，認知事物所處的生態特性、事物的長期趨勢等。

我們應當從上述四個方面去突破以培養自己的深度思維能力。

在深度思維能力培養的過程中，我們還需要進行具體可操作的訓練。思維能力是相對抽象的東西，它不像知識點的學習那樣明確——掌握幾個公式，或者背誦一篇文章。在我們的社會和教育界極力推崇思維能力培養二十年後，學生的思維能力依然未見顯著提高，缺乏具體的思維訓練內容正是重要原因。

深度思維能力的學習需要像知識點一樣有明確、可操作的內容，不能僅停留在某種理念的基礎上。思維能力的掌握，很多時候是具體思維工具的內化而形成的。所以深度思維的學習，得有具體的模型、定律乃至公式，並配以具體案例。就像投資家查理·蒙格在論述多元思維的概念時所做的那樣，他清晰地把多元思維能力的學習落實到不同學科的具體模型中，這就給後人的學習提供了方便。而一般人在談論關於思維的名詞時——如逆向思維、創造性思維等——則常常停留在模糊的理念描述階段。

從深度思維的四個方面出發，以具體的模型、定律和案例為標準，本書的內容就順次產生了：

從認知較長的因果鏈條這一角度出發，得到第一章「思維邏輯鏈」的內容；

從突破自我中心、靈活切換思考視角的角度出發，得到了第二章「換位思維」的內容；

從在雜亂的資訊流中保持思維能力的這一角度出發探討，得到了第三章「視覺化思維」的內容；

從在宏觀視角上分析問題的角度出發，則衍生出第四章「流程思維」、第五章「生態思維」、第六章「系統思維」、第七章「大勢思維」、第八章「兵法思維」以及第九章「慢即是快」。從宏觀角度出發衍生出的章節較多，而宏觀思維的確是我們人生中難度更高、作用更大的思維方式。

對於這些深度思維的方法，也可以從另一個角度來劃分它們：思維的「技術」與思維的

「格局」。

本書上篇名為「技術大師」，有「思維邏輯鏈」、「換位思維」、「視覺化思維」、「流程思維」四種思維方法，我稱為技術類思維方法。這些思維的技術主要用於處理日常工作的具體事物，就像一個個小工具，又像是一把把武器，能讓你披荊斬棘，對生活工作中的問題兵來將擋、水來土掩。

本書下篇名為「思維的格局」，有「生態思維」、「系統思維」、「大勢思維」、「兵法思維」、「慢即是快」五種思維方法，我稱為格局類思維方法。我們經常聽到這種說法：選擇比努力更重要，格局比能力更重要。那麼怎樣在人生的重要關口，做出大格局、效用超越普通努力的智慧選擇呢？這就是格局類思維方法的用處。它能讓你站在更高、更廣的視角上去看待問題，以更深刻、更巧妙的方式解決問題，並且心態更加大氣平和。

需要說明的是，儘管流程思維是從宏觀角度解決問題這一角度衍生出來，但「流程思維」一章我選擇放在上篇的技術類思維方法中（而非格局類）。這是因為流程思維的具體應用依然屬於解決日常工作問題的範疇。它大概可以叫作宏觀中的微觀方法，或者微觀中的宏觀方法，也可以說是從宏觀角度出發解決微觀問題。

在具體的章節中你將看到，這些深度思維方法具有極高的價值，給人帶來從解決問題到掌控格局的全方位提升，贏得跨越式的發展。

古人強調，修之於身其德乃真，如果你不曾實踐某個道理，那麼你對別人講述它就是無力的。本書所講的思維方法都是我親自實踐過並對我產生切實幫助的，由此緣起，本書自然而然地帶有另外一層特性（也是我個人的屬性）：它特別適合沒有背景、缺乏資源、天賦平平，在迷茫時代掙扎的普通人。

作為普通人的一員，我深知從草根中爬起是多麼困難，處處都是因為缺乏資源而無法邁過的門檻，常常面臨根本無法進場參與遊戲的困局。當資源、背景和天賦都不足的時候，能夠幫助你人生破局的只有深度思維的能力。在研究思維方法、思考人生策略時，我特別關注那些普通人因深度思維能力而獲得跨越式發展的案例。

比如我認識的一名金融投資者，他在股票市場裡拚搏多年下來斬獲頗豐，早早實現財務自由。當他和我交流自己的投資心得時，說自己做的事情無非是對市場上的公開訊息進行深度思考而已。例如國家某個政策發布後，他會由此進行深度推演，預算這個政策未來將帶來怎樣的短中長期變化，並一步步演算清楚，這正是思維邏輯鏈的投資實踐版本。這名投資者只是一個散戶，但深度思維的能力將他和那些追漲殺跌、打探內幕消息的散戶區別開來，過上了財務自由、身心自由的生活。

一名歷史老師在困惑如何讓學生們學好世界歷史的相關知識。世界歷史知識涉及眾多國家、事件和邏輯，學生們常常攪成一團，相互混淆，容易遺忘，這是他教學十幾年來一直無法解決的問題。在參加完我的視覺化思維培訓課程後，他製作了一幅龐大的世界歷史脈絡圖，對照圖片進行講課，學生們的成績突飛猛進，如同突然開竅一樣。困擾歷史老師多年的教學問題解決了。

生態思維與大勢思維也常常得到經典的應用，給人帶來巨大的回報。例如，基於人口結構，高齡化是必然趨勢，對應的養老產業中也蘊藏著大量機會。儘管道理講起來簡單，但是養老產業發展的大趨勢卻似乎與普通人沒什麼交集，因為養老產業的幾大門類准入門檻都不低。養老院建設、養老醫藥和醫療器材、養老地產等，哪一個行業是普通人能隨便切入的？都是大資金、大企業的遊戲。但是生態思維告訴我們，不一定要和這些大資金、大玩家成為競爭者，你可以思考如何與它們共生。當大企業花費大資金去建設養老院、養老地產的時候，你可以切入一些小的、輔助性的門類——比如養老護工仲介、養老地產配套設施生產等。從這個角度切入，你成為大企業的輔助，如同鱷魚嘴邊的牙籤鳥，以此抓住高齡化趨勢下養老產業的機會。

這樣的案例在本書中隨處可見，而在這些精彩的案例背後，我看到的是深度思維能力對普通人的重大意義。

《深度思維》一書無法概括深度思維的全部（實際上任何人都無法窮盡所有的思維方法），有很多思維方法並沒有被納入本書中。一方面，基於「修之於身其德乃真」的原則，那些看上去很有道理但我沒有親自實踐過的思維方法，我都沒有採用。本書中選擇的，是我在實踐中發現能切實對普通人的人生產生巨大積極作用的思維方法。

另一方面，也有部分思維方法由於早已廣為人知而沒有再贅述的必要。比如結構化思維是一種經典、有巨大實用價值的思維技術，但相關論述的書已有許多。再比如批判性思維也對我們有重大的意義，而你可以在已有的經典批判性思維書籍中學到很多。所以儘管它是一種重要的思維方法，但也沒有出現在本書內容中。

總的來說，深度思維是具有巨大價值的思維方式，思維的技術與格局是每一個普通人都應該認真研究和學習的能力。我也堅定地認為，在這個高壓、高競爭的時代，處處充斥著階層固化的焦慮，而深度思維將成為這個時代個體崛起的最可靠武器。

目錄

上篇　技術大師

高效解決問題，你需要這些思維技術

第一章　思維邏輯鏈

如何讓自己的思維更加深刻

第二章 換位思維

如何知道別人在想什麼

第三章 視覺化思維

看得見的思維，才是好思維

下篇　思維的格局
格局升級，掌握宏觀規律才能把控人生

第六章　系統思維

在更高的層面上解決問題

第七章　大勢思維
與天地同力的思維方式

第八章　兵法思維

如何設計自己的人生勝負手

第九章　慢即是快

如果沒有背景，缺乏資源，你該如何逆襲

上篇

技術大師

高效解決問題，你需要這些思維技術

面對生活、工作、學習中的諸多問題和任務，我們需要高效的深度思維方法去分析和解決它們。

有些人工作速度快、品質好，一小時做完別人一天也做不好的事情；有些學生學習效率奇高，不僅考試總拿第一，還有空閒時間發展自己的興趣愛好。

這是智商高的緣故嗎？

不，學術理論與生活實踐結果告訴我們，智商不是決定因素，思維方法才是。缺乏深度思維的聰明人常常犯錯誤，而掌握了深度思維方法的普通人則能優質完成任務，顯得很聰明。

為了高效並優質完成任務，你需要這些深度思維技術。

第一章　思維邏輯鏈

——如何讓自己的思維更加深刻

思維是一根鏈條，越長的鏈條代表越深刻的思維。深刻的思維讓你能夠挖掘事物的根本原因，推斷事物的深遠發展結果。思維邏輯鏈，是一個強大的兵器。

第一節　深度思維的利益

更強的思維能力會給我們帶來什麼

假設有兩家生產同一商品、互為競爭對手的公司甲和乙，你出於某種原因——或許是要找工作，或許是要進行股票投資，需要預測哪家公司會發展得更好。

很顯然，你會想要找到技術水準更先進、更不容易被淘汰的那家。不過，想要在技術上領先是一件很難的事情，大部分情況下，競爭者們的核心技術處於差不多的水準，正如甲公司和乙公司那樣。又或者你想要找一家市場占有率更高的公司。不過目前來看，兩家公司的市場占有率接近，都屬於中小型企業。

總之，任何顯性指標都顯示兩家公司旗鼓相當，包括採購的生產資料成本、品質，使用的規章制度和員工考核標準，日常面臨的問題，員工的能力、責任心等。唯一有所區別的是，乙公司的老闆有很強的深度思維能力，而甲公司的老闆在這方面則一般。

深度思維能力能帶給甲公司哪些好處呢？我們可以假設這樣的場景。

甲公司場景

某天，甲公司的老闆閒來無事，在公司的生產廠房中巡視，他發現廠房運行出現了一個小問題——某台機器突然停止運行。甲老闆很自然地叫來維修工人，工人更換了一根保險絲，十幾分鐘之後，機器恢復運轉了。

對此，甲老闆向廠房主管和維修工人提出指導：

「對於日常出現的問題，一定要迅速行動、第一時間解決！今天我路過的時候順帶發現了一個問題，於是立刻叫你們來解決。可是如果沒那麼巧，沒有路過這裡呢？你們還能第一時間解決問題嗎？會不會十幾分鐘後才來，於是就耽誤了十幾分鐘的生產？以後一定要快，要有責任心！……」

如果你略有幾年工作經驗，大概對這種典型的高層訓話並不陌生，大部分公司的管理者都是類似的反應吧。當然，大部分員工對這種訓話的反應也是類似的：

「真倒楣，剛出問題就被老闆發現了。」

「我剛準備過來就被老闆打電話叫來了，就慢這麼一分鐘，其實你不打電話給我，我也知道有問題啊，監控室都發出故障信號了！」

「希望不會被扣工資吧。真是的，又不是什麼大故障，只不過是保險絲燒斷了而已，老闆真是大驚小怪！」

如果你恰好是一名企業管理者，你可能會覺得員工的這些心理活動真是太不負責任了。但是你應該做好心理準備，因為基本上所有的員工都是類似的想法，那種以公司為家、為公司盡職盡責、無私奉獻的員工是極少數，而抱怨老闆、想辦法偷懶省事的才是常態。

乙公司場景

假設乙公司的老闆也在公司的生產廠房裡巡視，並遇到同樣的狀況——某台機器突然停止運行。乙老闆站在原地等了一兩分鐘，隨後廠房主任帶著維修工人趕到。乙老闆看著他們為機器更換一根保險絲，然後機器恢復運行了。

主任和工人心想：「沒想到老闆在場，幸虧及時趕到解決問題了。」（員工心態上和甲公司是類似的。）

乙老闆問：「這台機器剛才出了什麼問題？」

主任：「沒什麼大問題，就是保險絲燒斷，換一根就好了。」（和甲公司的員工一樣的解決方案。）

乙老闆：「哦。不過為什麼保險絲燒斷了呢？」

主任心想：「啊？這哪有什麼為什麼，不是很正常的事情嗎？」

維修工人：「保險絲燒斷肯定是負荷太大了。」維修工人對自己的專業知識很滿意。

乙老闆接著問：「哦。但平白無故的，機器怎麼就負荷太大了呢？」

「這……」主任和維修工都答不上來。維修工說：「這就不知道了，需要再拆機檢修。」

（原本只想換個保險絲，在老闆的追問下必須做更深入的檢查了。）

十幾分鐘之後，維修工人弄清楚問題了：「老闆，找到問題了。是軸承太燥，沒潤滑油，摩擦力太大，所以負荷就高了。」維修工對自己的專業知識再次感到滿意。

乙老闆點點頭：「很好。為什麼沒潤滑油呢？是用完了嗎？」

維修工看了一眼機器：「潤滑油還剩很多，但是潤滑泵吸不上來。」

乙老闆：「為什麼潤滑泵吸不上來油，它出什麼問題呢？」

維修工又研究了幾分鐘，說：「油泵的軸磨損了，鬆了，在空轉，所以油吸不上來。」

主管這下學聰明了，主動問：「為什麼油泵會磨損呢？這玩意兒理論上使用壽命應該是非常長的，怎麼會輕易磨損？」

維修工人回答：「有很多鐵屑之類的雜質混進去了，估計是機器上半部分掉下來的。這個泵才用一年多就磨壞，原本估計是使用五年以上的。」

乙老闆：「機器的上半部分怎麼會掉鐵屑下來呢？」

維修工人：「這個沒辦法，上半部分是機器的主要運轉區，本來就磨損很大，掉點鐵屑下來是沒法避免的。這個全行業都是一樣的，真的解決不了，而且它掉點鐵屑下來對上面的運行沒影響，只是影響下面的潤滑泵。」

乙老闆：「哦，那麼下面的潤滑泵能不能想辦法讓它不受影響呢？」

維修工人：「這太簡單了，我們自己加個濾網就行了，每年定期清一下濾網，以後啥問題也沒有了。」

乙老闆點點頭，對主管和工人說：「好的。既然這台機器出問題，我猜其他機器是不是也有類似的問題？所以，你們可以考慮在所有機器上都加上濾網。另外，廠房主任在解決問題的時候，最好不要只停留在第一層，要深入思考背後的原因，多問幾個為什麼。我想，今天的事可以算一個教學案例吧？」

維修工人點點頭，心裡很高興：「這法子不錯，花一個小時加裝濾網，以後能節省很多麻煩啊。機器故障率少一半，都不用我去修了，我這班是上得越來越輕鬆，哈哈！」

主管也點點頭，心想：「老闆果然不是吃素的，今天這麼一個小問題的解決，就能讓生產停工率大幅降低。我以後就學他的思維方法管廠房，考核指標肯定輕鬆完成，年底獎金還不翻倍？」

在上面的案例中，我們看到兩家公司的各方面狀態是類似的。公司同樣會出現各種問題，員工和主管都不是模範勞工，永遠都在一邊想著自己的利益一邊盡可能逃避責任。唯一的區別就在於，老闆是否有深度思維的能力。對於甲公司，未來還會繼續出現各種生產故障，長遠來看必然影響產量、成本和產品品質，然後一邊批評員工一邊喪失市場占有率；而乙公司在深度思維能力的帶領下，則不斷降低成本，提高品質，同時讓整個員工團隊不斷成長，在甲乙公司的競爭中，顯然已經占據上風了。

深度思維能力是能夠直接給我們帶來利益的。不論是學生學習、職員工作、領導者管理企業，還是投資者的金融投資，深度思維的能力都將如上述案例中發揮巨大的作用。不過，深度思維這個詞有點抽象，指代範圍太大，此處的深度思維具有更精確的含義——更長的思維邏輯鏈。

人的思維可以分為邏輯思維、創造性思維、換位思維、系統思維等很多種（正如你將

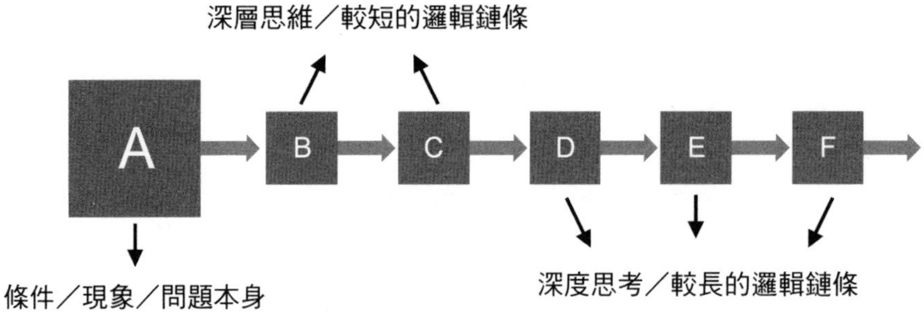

圖一

在本書中看到的），其中邏輯思維是最基礎的，它是一切思維方式的根基。而邏輯思維就像是一根鏈條，從一個節點延伸到另一個節點，綿延不斷——就像數學證明題那樣。簡單的數學證明題會讓你從條件A推導到結論B，而複雜的證明題讓你從A推導到B，再一路從B推導到C、D、E、F、G……

如果普通思維在思考問題時思考的是一至二層，那麼深度思維就是指思考三層乃至更多層。就像下象棋時，普通人思考後面一兩步，而職業棋手則會考慮十幾步。可以說，你的邏輯鏈條延展得越長，你的思維能力就越深刻。

第二節　5 Why 思考法
如何找到問題的根本原因

什麼是 5 Why 思考法

那麼，什麼是 5 Why 思考法呢？

5 Why 法，是指對一個問題連續多次追問為什麼，直到找出問題的根本原因。

這裡要注意，雖然叫作 5 Why 法，但並不一定是問五次 Why，而是要根據情況靈活調整。

為了更直觀地介紹 5 Why 法，我們可以參考一些案例。其實，第一節中甲乙公司老闆的案例就是 5 Why 法的應用案例，這裡再舉一個典型案例。

一個博物館的東邊外牆上有非常嚴重的腐蝕，需要經常塗刷新的油漆。這一天，博物館的主管發現牆面又腐蝕得很嚴重，現在他需要決定怎麼處理這件事情。

也許，部分人的第一直覺是，那就再噴刷一次油漆。可是這個答案顯然太膚淺。有一些思維能力的你可能會說：「顯然需要找出原因，為什麼東邊的外牆腐蝕很嚴重？」

經過調查以後，你發現，原來博物館的清潔人員在洗牆的時候，使用一種高腐蝕性的清潔劑，才導致牆面的腐蝕，所以正確的解決方法應該是，在噴刷修補了這一次的牆面以後，要求清潔人員下次清洗牆面時換用低腐蝕性的清潔劑。

你看，經過思考，你做出的決定就比直接刷油漆要強多了。

可是根據 5 Why 法，事情並不能就這麼結束。你還要繼續追問：「為什麼這個清潔工要用高腐蝕性的清潔劑？」

經過調查後發現，原來是因為在東邊的牆上經常有很多鳥糞黏著，用一般的清潔劑是洗不乾淨的。

現在你肯定已經知道了，還要繼續追問：「為什麼東邊的牆上有很多鳥糞？」

調查發現，原來是因為牆上有很多蜘蛛，而這些鳥以蜘蛛為食，所以經常在牆附近活動。

那麼，為什麼牆上有很多蜘蛛？

因為牆上有很多小蟲子，而蜘蛛以這些小蟲子為食。

牆面腐蝕了 → Why? → 因為清潔工用了腐蝕性清潔劑 →

Why? → 因為牆上有很多鳥糞，用一般清潔劑洗不乾淨 → Why? → 因為東面牆上有很多蜘蛛，鳥吃蜘蛛 →

Why? → 因為牆上有很多蟲子，蜘蛛吃小蟲子 → Why? → 因為東面牆附近有窗戶，晚上透出燈光，而蟲子有趨光性 →

解決辦法：用厚窗簾把東邊牆上的窗戶遮住

圖二

為什麼牆上有很多小蟲子？

因為東面牆上有幾扇窗子，晚上時，博物館裡的光會從這裡透出去，而趨光性很強的蟲子就被光吸引過來了。

所以，解決問題的正確方法應該是，在窗戶安裝遮光性很強的厚窗簾，每天太陽下山之前拉上窗簾，這樣就能徹底解決問題了

5 Why 思考法的作用

5 Why 法有什麼作用呢？

如果我們只進行常規思考、淺度思考，那麼面對牆面腐蝕的問題，可能僅僅是再次噴刷修補一遍，然後過不了多久牆面再次腐蝕，如此周而復始，無限循環。又或者要求清潔工換成低腐蝕性的清潔劑，然後牆面永遠都很髒，

嚴重影響美觀，由此減少了博物館的遊客數量。

但是在 5 Why 思考法的引導下，我們一步步地找到問題的最底層原因，進而改變了處理方法，從僅僅再噴刷修補一遍牆面，變成安裝厚窗簾。這個方法一勞永逸地解決所有問題，省下未來的無數人力、物力和資金。

從噴刷修補牆面到安裝厚窗簾，解決方案的跨度之大，如果沒有 5 Why 法的引導是很難思考到的。設想以下的問答：如何解決外牆腐蝕的問題？安裝窗簾。這個問答看起來有多麼跳躍和奇怪，5 Why 法的價值就有多大。

5 Why 思考法的應用要點

那麼如何應用 5 Why 思考法呢？也許上面的案例（以及第一節中的案例）你能輕鬆地看懂，但並不代表你已經完全掌握 5 Why 思考法。在應用的時候，我們還要注意幾個要點。

到底要問幾個 Why？

當 5 Why 思考法在豐田汽車誕生時，豐田很明確地要求面對問題至少要問五個 Why，這便是 5 Why 思考法名字的來由，也體現了日本人的嚴謹和工匠精神。但是我們尋找原因的時候，一定就卡死在五這個數字上嗎？到底要問幾個 Why 才合適呢？

當然未必是五個，而是要根據情況靈活調整，也許是四個或者更少，也許是六個、八個或更多，總之，得是一個合適的數字。追問的少，思維就不深刻了；追問的太多，就無窮無盡了，可能每個問題都要追問成「物質的起源」、「生命的意義」等不可回答的終極問題了。

那麼如何確定這個合適的數字呢？

確定數字的原則是：不斷追問下去，直到問題變得沒有意義為止。

在博物館牆面腐蝕的案例中，最後一個問題和對應的答案是「為什麼牆上有很多蟲子？」和「因為晚上博物館裡的光從窗戶透出去，而昆蟲有趨光性」。

如果你繼續追問下去，只能提出以下問題了：「為什麼牆上要開窗戶？」

這不是明擺著嗎，換氣啊，透光啊；接著問，為什麼要換氣呢？人為什麼要呼吸呢？為什麼人的眼睛要有光才能看見呢？……你發現，這樣接著問下去就完全沒有意義了。

又或者，針對昆蟲有趨光性，你這樣繼續問下去：「為什麼昆蟲有趨光性呢？」

得了，只能找生物學專家解釋了，可能要牽扯出一大堆和進化論、基因等有關的知識。可是這跟博物館解決牆面腐蝕問題完全沒有關係啊！很顯然，這樣的問題對博物館的工作人員是沒有意義的（不過對生物學家、昆蟲學家倒是有意義的）。

綜合起來看，如果面對一個答案，無論你怎樣繼續追問為什麼，提出的問題都是沒有意義的，那麼就可以停下來了，這就是 5 Why 思考法的追問原則。

提問要往有意義的方向問

在連續追問的過程當中，某些環節上，經常有多種不同的提問方法。比如還是博物館牆面腐蝕的案例，中間有個答案是「東面牆上有很多蜘蛛，而鳥要吃蜘蛛」。面對這個情況，有兩種提問方法：

1、為什麼東面牆上有很多蜘蛛？

2、為什麼鳥要吃蜘蛛？

哪種提問方式更好呢？顯然第一種提問方法更好，案例中也確實採用第一種問法。至於第二種問法，這對生物學家是有意義的，對於博物館工作人員是沒有意義的。

在連續追問的過程中，我們一定要保證提問對當時場景來說是有意義，否則連續追問最後會變得離題萬里。

以下是 5 Why 法連續追問的錯誤案例：

為什麼牆面腐蝕？因為有鳥糞，必須用腐蝕性清潔劑；
為什麼牆上有鳥糞？因為牆上有蜘蛛，而鳥要吃蜘蛛；
為什麼鳥要吃蜘蛛？因為鳥在食物鏈的上端，蜘蛛在下端；
為什麼鳥在食物鏈的上端？因為這是生物進化的結果；
為什麼生物要進化？因為上帝要生物進化……
結論：牆面腐蝕是上帝的意志。

要疑問，不要質問

5 Why 思考法是一個尋找問題根本原因的方法，也就是說，當我們使用 5 Why 思考法時，往往面對的是已經出了某種問題的情景。

出了問題時，人們很容易陷入某種情緒——憤怒、抱怨、逃避等，其中最常見的是憤怒和指責，尤其是對處於優勢地位的人——領導者、管理者來說，指責與訓斥下屬是非常容易的事情。

在指責與訓斥的情況下，5 Why 思考法的追問，很容易變成反問、審問和質問，帶有較強的情緒。而面對優勢地位的壓迫，從提問到回答往往會變形，會變得無效。

小薇是市場部的一名新人，她犯了一個嚴重的錯誤：將甲客戶合約中的部分資料給乙客戶看了。雖然甲客戶並不知情，但一旦發現將可能把公司告上法院，並要求洩密賠償。

針對這個問題，市場部經理對小薇使用 5 Why 思考法進行連續提問：

「為什麼會犯這種錯誤？」

「為什麼不好好研究保密條款？」

「為什麼保密這樣重要的工作沒有引起妳的重視？」

……

這些連續的提問——其實是審問和質問，只會把新人小薇嚇得哆哆嗦嗦，聲淚俱下承認錯誤：「對不起，都是我的錯……嗚嗚……我保證以後一定不會再犯……」

這一系列的連續追問就是無效的。看起來新員工小薇積極地承認錯誤，還保證一定不會再犯，但問題背後的原因根本就沒有找出來。小薇將甲客戶合約中的部分資料給乙客戶看，可能僅僅是想向乙客戶說明自己公司的實力，說明之前有過成功案例。如何通過過往成功案例證明自己的實力（並證明案例的真實性），哪些資料是可以公開，哪些是不可以的，新人培訓流程中是否還有疏漏……諸如此類的問題都沒有得到解決，僅僅是認了個錯而已，這次 5 Why 思考法的應用因為經理的質問、審問態度而效果欠佳。

5 Why 思考法的提問，應該是不帶情緒的提問，是疑問而不是審問，是為了尋找關鍵資訊而非尋找責怪對象。上司對下屬、家長對孩子、老師對學生等諸多場合都應注意類似的問題。

回答問題的注意事項

要想 5 Why 思考法能順利進行下去，不光在提問的時候有注意事項，回答的時候也有相應技巧。

其中最核心的原則就是：**要往我們可以控制的事項上回答，避免不可控制的內容**。

假設有個兒童玩具生產廠商發現上一季出現較大的虧損，CEO 對此進行思考：

為什麼上一季發生虧損？因為新上市的兒童玩具銷量未達到預期；

為什麼新上市玩具銷量不好？因為雖然銷售管道廣泛，但這些玩具並不受兒童們喜愛；

為什麼新玩具不受兒童喜愛？因為……因為他們就是不喜歡，小朋友們太善變了……

為什麼小朋友們這麼善變？因為人之初，性本善……變？

解決方案：遠離邪惡的兒童玩具市場……

這個 5 Why 思考法就是無效的，因為回答為什麼的時候找的方向是不可控制的——你無法控制小朋友不要變化他們的喜好。正確的回答方向是：

為什麼新玩具不受兒童喜愛？因為市場部沒有做充分的市場調查，在確定玩具設計和行銷方向的時候過於主觀化。

解決方案：提高市場調查的頻率，採用更科學的市場調查方法。

顯然，重新制訂市場調查計畫是你能夠控制的，也是更好的解決問題方向。

總結一下，深度思維能夠給我們帶來各種各樣的好處——學業、工作、管理、投資等，而思維邏輯鏈的延長則是深度思維的重要表現。其中一種延長思維邏輯鏈的方法即是 5 Why 思考法，它能幫助我們找到問題的根本原因。在下一節中，我們還會介紹另一種延長思維邏輯鏈的方法，它在形態上與 5 Why 思考法相互呼應，並同樣具有深刻而廣泛的現實應用。

第三節　5 So思考法
如何洞悉事物的未來趨勢

什麼是5 So思考法

如果說某個事實現象是一個點，由這個點展開的思維邏輯則是一個鏈條，而這個鏈條應該有兩個方向：一個是向前追溯原因，一個是向後追尋結果。

向前追溯原因，其對應的方法是上一節講到的5 Why思考法。那麼向後追尋結果呢？如果只有5 Why思考法而沒有5 So思考法，就太奇怪了，所以我開發5 So思考法，作為5 Why思考法的鏡像方法。

So，意思是「所以呢？」、「那又怎麼樣？」、「會產生什麼影響呢？」所以5 So思考法的定義如下：

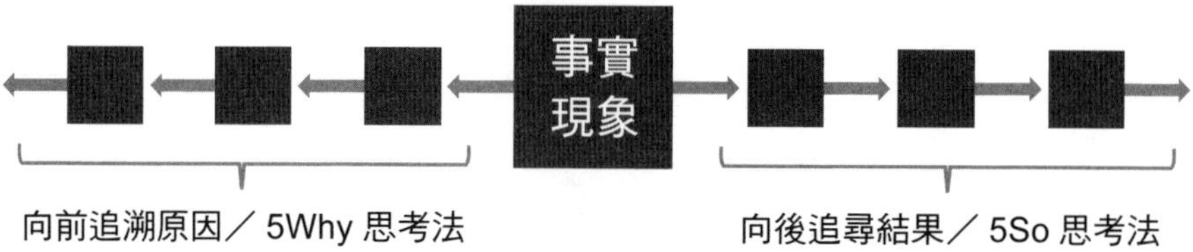

圖三

5So思考法，是指對一個現象連續追問產生的結果，以探求它對未來可能造成的深遠影響。

探求事情的結果，這是人的本能，如同追尋原因一樣，我們本能的思維邏輯鏈條太短了，往往只能看到非常淺近的結果，而對深遠的影響缺乏遠見。下棋的人只能往後看一兩步，求職的人往往缺乏未來幾年的職業規劃，而做金融投資這種最需要思考深遠結果的事情，據說虧損的人數占了八〇%。

而5So思考法，則能讓我們擁有推演事物長遠影響的能力。

5So思考法的作用與經典案例

透過一個非常精彩的案例來看看5So思考法能給我們帶來什麼好處。

二〇一三年七月到八月，網路上傳出「上海自貿區」要成立的消息，而且有官方背書，確定性很大，A股市場上隨之暗流湧動。不過，明明七月份就有消息，可是整個A股市場上卻遲遲不見動靜，只有一檔股票漲了——上海物貿，該股票從七月初到八月初的走勢就能看出端倪。

這檔股票上漲的邏輯很明顯，既然是自貿區，上海本地的貿易類股票肯定是利多的，所以這檔股票最早上漲。可是然後呢？上海自貿這麼大的一個政策，就僅僅一檔股票利多嗎？接近兩個月的時間，市場的反應都很遲緩。

到八月下旬，市場終於反應過來了。另一檔股票華貿物流開始上漲。邏輯是，如果預期上海本地的貿易股會受益，貿易量加大，顯然本地的物流運輸業將會繁榮，所以華貿物流這檔上海物流股會迎來爆發。

如果用 5 So 思考法的形式去表現上述思考過程則是如下：

上海自貿區要成立了。

So？那又會怎麼樣呢？

上海本地的貿易公司業務會繁榮，對應的股票——上海物貿肯定要漲。

So？那又會怎麼樣呢？

貿易業務會繁榮，對應的物流業務也會繁榮，所以物流股票——華貿物流也值得購買。

這就是目前為止已經推論出和看到的。顯然還可以接著推論下去，這還僅僅只有兩個 So

呢，如果用更多的So繼續推論下去又會怎麼樣呢？

So？物流會繁榮，那又會怎麼樣呢？

既然貿易和物流會繁榮，港口肯定繁榮；

So？港口繁榮，那又會怎麼樣呢？

既然港口繁榮，港口周邊的土地就會大幅升值；

So？港口繁榮，那又會怎麼樣呢？

既然港口繁榮，貨櫃租賃業務肯定火爆；

So？貿易、物流都繁榮了，那又會怎麼樣呢？

既然貿易、物流等實體經濟繁榮，對應的金融業務也會繁榮。

So？金融業務繁榮了，那又會怎麼樣呢？

既然金融業務繁榮，金融機構設施生產商的業務也會增加。

……

5 So思考法的邏輯鏈條推演暫時就到這裡吧，上面的內容已經夠多了。這些推論能給我們帶來什麼好處呢？我們已經看到，邏輯鏈條的前幾個So引出了七月暴漲的上海物貿、八月十九日開始暴漲的華貿物流兩檔股票，那麼後面幾個So是否有對應的投資機會呢？

物流繁榮推論出港口繁榮——上港集團（主營上海公共港口）從八月二十三日開始暴漲；

港口繁榮推論出周邊土地上漲——陸家嘴和浦東金橋（兩大港口附近擁有大量土地）都從八月二十六日開始暴漲；

港口繁榮推論出貨櫃業務繁榮——中集集團（主營貨櫃、港口設備、運輸物流等）從八月二十八日開始暴漲；

商業繁榮（貿易、物流、港口）推論出金融繁榮——愛建股份（主營上海地區金融業務）從八月二十六日開始暴漲，浦發銀行（上海本地銀行）從九月六日開始大漲；

金融繁榮推論出金融設施生產商繁榮——御銀股份（主營銀行ATM等設備生產）從九月十三日開始暴漲；

……

很多股票都翻倍了，最誇張的股票漲了四倍都不止。而這些股票不僅漲幅巨大，更美妙的是，它們上漲順序是嚴格按照我們的邏輯推論順序進行的，簡直就像教科書上的數學公式一樣！

整個邏輯走向可以用下頁圖四來表示。應用視覺化的方法，可以清晰地看到5So法演進過程中的幾個分支和順序。

根據5So思考法，上面的推論你都可以做出來（當然需要一定的經濟和投資常識），並且你有非常充足的時間做這些推論——七月初就出現自貿區的消息，而這些股票到八月下旬才開始漲！

這中間的利潤是非常驚人的。善於把握其中邏輯的人，可以短期內快速翻倍。很多一線游資當年就是靠這一波股票完成超過二〇〇%的收益，根據其資金量大小利潤在幾千萬到上十億人民幣之間。據說個別資金量較小（千萬以下）又把握其中邏輯的人，再加上一些融資，三個月之內做到十倍收益！

現在你知道了，深度思考的能力是多麼值錢，5So思考法有多麼好用。

當然，深度思維能力和5So思考法，不僅僅是在股票投資中好用，在生活、工作學習的其他方面也用處頗多。無論如何，這絕對是值得深入研究的精彩思維方法。

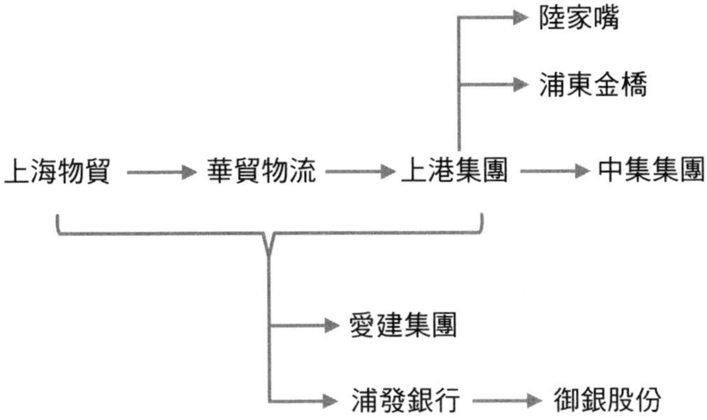

圖四

5 So思考法的應用要點

5 So思考法看起來並不難，但在應用的時候依然有一些要點需要注意。上面那個精彩的投資案例或許讓你有點興奮，但是要洞悉事物發展的規律並賺取高額利潤並沒那麼容易，如果不謹慎研究，有時候會弄巧成拙。所以下面的幾個要點，我建議你認真看看。

絕對推論與概率推論

So，然後呢？那又怎麼樣呢？本質上它就是一種推論。推論可以分為兩種：絕對推論與概率推論。

絕對推論的意思就像字面所示，表示一定不會錯的推論。比如數學中的推論多是絕對推論。如果A＞B，B＞C，那麼肯定A＞C。

概率推論則表示，有可能是這樣，但並不一定。上海自貿區投資案例中的推論基本都是概率推論，儘管這些概率都很高，屬於強概率推論，但是畢竟也還是概率推論。

下面是你務必要謹記的一個重要定理。

邏輯鏈條概率傳導定律：當一個漫長的邏輯鏈條中有很多概率推論時，會發生邏輯損耗，其推論的威力和準確度會逐漸降低。

我們可以返回去看上海自貿區投資的案例，作為上述定理的佐證。整個投資鏈條的邏輯演進順序如上頁圖四，一邊看圖一邊查閱股票軟體，可以看到，作為整個邏輯鏈條的第一級，上海物貿的漲幅是最大，為三五〇%；作為鏈條第二級，華貿物流的漲幅也很大，約為二八〇%；第三級上港集團漲幅約為二〇〇%，略有縮減，但也很驚人；第四級的一個分支，陸家嘴和浦東金橋漲幅都在一六〇%左右，繼續降低一點；第四級的另一個分支就小了不少，中集集團的漲幅約為五〇%。

把上海物貿、華貿物流、上港集團等代表實體經濟的部分合併起來作為第一級，平均漲幅二五〇%左右；傳導到作為第二級的金融服務，一個分支為愛建集團，漲幅一一〇%左右；另一個二級分支浦發銀行，漲幅七五%左右。

從上面的分析可以看到，這些股票的漲幅是嚴格符合邏輯鏈條的概率傳導定律，邏輯鏈條的早期，邏輯的力度最強，後期則越來越弱。圖中唯一一個例外是御銀股份，作為鏈條的第三級，它的漲幅也在七五%左右，看似沒有衰減，但這是另一個原因造成的——它的一家設備供應商供應了上海地區的多家銀行，多股力量累加起來造成它力度沒有衰減。

上述定律在數學上很好理解。一個單一鏈條的傳遞，其概率的計算是應用乘法。每推論一個概率性事件，每延展一級基於概率推論的鏈條，穩定性和力度都乘以一個小於一的數字，經過幾次累乘以後，當然會越變越小。

在5So思考法的應用中，上述定律可能是最重要的一條定律了。

思維邏輯鏈的邊界

思維邏輯鏈條越長，代表你的思維越深刻。可是鏈條不可能無限延長下去，否則豈不是要推論到宇宙的終結了？畢竟人不是神。

在邊界的界定上，5So思考法與5Why思考法有所不同。5Why思考法是找到根本原因就停止，不過5So思考法卻沒法找到一個對應的「根本結果」，你總是可以不斷推論下去。

那麼你的推論要停在哪裡呢？我的建議是：

使用5So思考法進行推論，你可以停在概率變得較低、低得沒有實際指導作用的那一級，然後等待時間推進，讓時間吞噬鏈條的前面幾級，從而使得後面幾級的概率自動提高，再繼續向後推論。

這句話看起來有些複雜，我們可以拆開來分析。

我們已經知道，在概率性傳導的情況下，隨著鏈條不斷擴張，後端的幾級概率會不斷降低。假設已有事件A，我們預測一週後五〇%的概率會發生事件B，接著兩週後會有二五%的概率發生事件C，然後三週後一二．五%的概率發生事件D。

再往後呢，發生事件E的概率只有六．二五%左右，如果你覺得這個概率太小了，已經沒什麼意義，你就暫停下來，不繼續推論。

於是你開始等待，等到兩週過後，看看事件C是否已經發生。如果已經發生，這個時候後續的事件D、E的概率就大幅提高了。對於已經確認的事件C，D的概率變成五〇%，E的概率提高到二五%，此時你再推論事件F也有一二．五%的正確率了。

如果中途發生變故，事件B沒有發生呢？那就看實際上發生什麼事件，然後再重新推論。

總結一下就是，既要做適當的推演，也要保持靈活變化——未來要在規劃中邊走邊看。

這個方法可以解決邏輯鏈條概率降低的問題，但是無法解決力度損耗的問題。比如上海自貿區投資的案例中，鏈條後端的股票漲幅肯定要小些，時間的推進無法改變這一點。

招式與內功

中國文化讓我們對內功、招式等概念很熟悉，我們也都知道它們的關係：要有內功的支

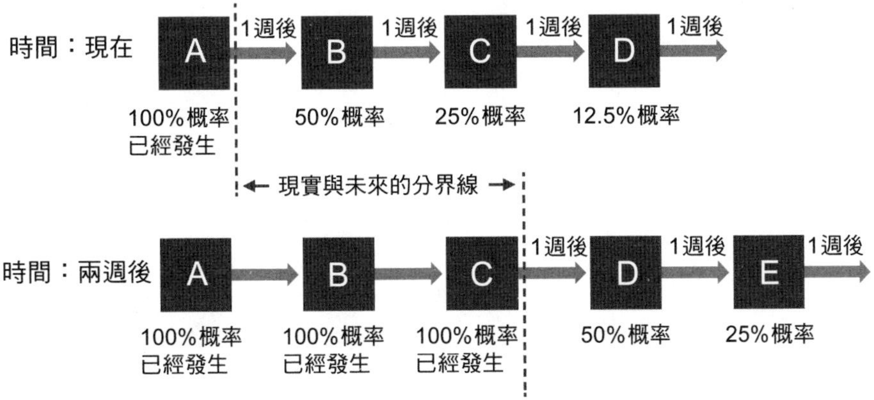

圖五

持，招式才真正好用。

5So思考法作為一種思維技術，它就是武功的招式。固然它十分精彩，但如果沒有內功支持威力也是有限的。甚至手無縛雞之力的人如果強行揮舞鋒利的寶劍，還是有可能會傷到自己的。

對於5So思考法這個招式來說，什麼是其對應的內功呢？就是常識與專業知識。你想要在哪個領域內使用5So思考法，你就需要有該領域的常識和專業知識，常識和專業知識越多，內功就越深，招式使用的威力就越大。

以我自己為例（可惜只能做個反面案例），在上面精彩的上海自貿區投資案例中，很多投資者賺取了至少百分之百的利潤，而我自己做得怎麼樣呢？很可惜，不怎麼樣，我只有大約四〇%的利潤。因為我不是專業的投資者，只是因為研究思維方法的緣故順帶看看股市，所以我有很多事情做不到位。

最嚴重的是資訊的時效性。如果是專業的投資者，肯定是要經常瀏覽重大新聞。對於上海自貿區這種重大新聞，怎麼可能會不知道呢？可惜，七八月份是我在教育業傳統業務的高峰期，整個暑假我都在忙教育業務，基本上沒上網，於是上海自貿區這種重大消息，我居然晚兩個月才知道——直到九月份暑假結束了才知道。

我一邊歎息錯過好機會，邏輯鏈條已經走這麼遠，一邊匆匆買入鏈條尾端的股票愛建股份，還是買在半山腰上，前面的漲幅已經錯過了，後面漲不到四〇％。

至於再往下一個鏈條，浦發銀行後端的御銀股份，我缺乏專業知識的劣勢再一次顯現出來，我根本不知道有這麼個股票……對於專業投資者來說，市場上有哪些股票肯定知道，這是基本功之一，而我由於缺乏 A 股的常識和專業知識，就這麼錯過了。

綜合一下，由於我缺乏對應的內功，在這場投資戰役中，我的思維招式只給我帶來約四〇％的收益，而內功與招式兼備的專業投資者，則可能收益超過四〇〇％。

你看，招式背後有沒有內功，就是有這麼大的差異。

所以思維很重要，知識也很重要。知識是思維的養料，沒有知識的思維容易變成空談，而沒有思維的知識則會變得呆板而缺乏爆發力、創造力。

第四節　多方法綜合使用

在複雜的世界裡，做一名進階的思考者

真實的世界很複雜，使用思維方法來處理問題也沒有那麼容易。很多時候，我們需要綜合使用多種思維方法來分析問題。

本節提出 5 Why 思考法和 5 So 思考法兩種方法，理所當然的，我們先來看一看這兩種方法如何綜合使用，下面也是一個非常精彩的案例。

幾年之前，一名工作近十年的資深編輯老 K，走進雜誌社的辦公室，開始他平凡的一天。他所在的小部門叫作深度報導部，是大編輯部門的核心部門，集中了整個編輯部的精英力量。走進辦公室的時候，他湊巧聽到普通編輯部的兩個小女生聊天：

「唉，他們深度報導部真好，福利也好，環境也好，都是資深編輯，要是我也能進去就好了。」

「那還用說。最近幾年新媒體衝擊傳統媒體那麼嚴重，我們普通編輯部的日子可不好過了，而他們深度報導部則是集中整個雜誌社的核心力量！你沒聽上次公司戰略大會上說的嗎，我們傳統雜誌要和新媒體形成差異化競爭，要抓住新媒體的碎片化閱讀缺陷，要在深度報導上持續發力，要讓深度報導成為傳統雜誌的核心優勢！你看，公司都把他們當成戰略核心去發展，肯定是投入所有的力量啦！所以他們的福利和環境，肯定都比我們要好多了！」

「也不知道他們具體的業績怎麼樣？能比我們好多少呢？反正我們是挺慘的，找誰去問問？」

「我都已經問過啦！答案是——他們自己也不知道。只有公司核心領導才知道具體的業務資料，深度報導部的普通員工都是不知道的。不過，主管大概給他們表示過了，反正自深度報導部成立的這大半年以來，業務發展得很好，聽說明年就要加薪了！別問啦，人比人，氣死人！」

老K微微一笑，走進自己的辦公室，心想：「兩個小女生想進核心部門，還是太嫩了！」

老K打開電腦，隨意瞄了一眼公司平臺上彈出的一則不痛不癢的通知：

「……對工作用筆記型電腦的更新更換，原公司條例規定為部分員工每四年一換，部分員工兩年一換。為維持公平起見，現統一為四年更換一次，特此通知……」

這是後勤部的政策微調，與老K基本上沒關係，何況他手上的這台電腦是三個月前才更換的，用起來非常順手。不過自己的幾個同事可能就有點鬱悶了，他們看到自己的新電腦配備這麼高，最近才剛想申請把用了兩年多的電腦換一下，現在估計換不了。嘿嘿，這麼一想自己還是占了個小便宜。

好了，繼續工作吧，先把這一期的深度報導做出來——等等，老K突然想起來了什麼，思緒開始蔓延……

筆記型電腦更換從兩年可換變成四年才能換！

So？這又影響到誰呢？

影響到老員工了！因為原來的規定是，任職六年以內的員工電腦為四年一換，而任職六年以上的老員工才可以兩年就更換。這是對老員工的一種福利。

So？這又產生什麼影響呢？

影響到深度報導部！因為就在大半年前深度報導部成立，所有資深編輯都集中在這一個部門，這些資深編輯基本上都是公司裡所有的老員工（除去幾個大老闆之外）。

So？這又怎麼樣呢？

可以推論，減少電腦的更換肯定能讓深度報導部節約一點成本，但是也省不了多少錢啊！畢竟和整體的營運收入比起來比重太小了。這點成本都要扣，真是讓人無語！

Why？為什麼公司突然開始節約這麼一點成本呢？原來不是對深度報導部挺大方的嗎？可以估計，原因是深度報導部這大半年的業績也不怎麼樣。也就是說，由於新媒體的衝擊巨大，傳統媒體不僅在淺閱讀上已經失敗，甚至連新規劃的戰略重心——深度報導和深度閱讀——也受到不小的影響！而公司對員工的會議中，只強調所謂的差異化競爭，卻沒有提到這一點！

Why？為什麼公司要隱瞞這一點呢？

深度報導受到影響，但是影響究竟有多惡劣呢？由於數據被高層掌握無法得知，但是現在可以推斷：已經惡劣到需要向員工說謊來維持局面的程度；已經惡劣到需要靠不換舊電腦來節約成本的程度！

……

隨著這樣的深度分析不斷推進，老K心裡越來越明亮，一句話浮上心頭：「君子不立危牆之下！」

花幾天完成手頭的工作以後，老K向雜誌社提交了辭呈。

你猜老K去哪了？沒錯，他自己開設一個公眾號，自己營運。一年後，原來的雜誌社同事向他透露，全雜誌大幅虧損，深度報導部也未能倖免。在同事感嘆經濟下滑、降薪導致日子難過的時候，老K長舒一口氣，畢竟自己的公眾號已經超過十萬粉絲，一個月的廣告收入都超過五萬了。

在所有資料都被高層壟斷、高層所謂的戰略規劃看起來很有道理的情況下，老K憑藉自己出色的深度思維能力，通過綜合使用5Why法和5So法，成功推斷出公司戰略規劃的失敗，並由此引導自己的職業方向，迎來人生的大轉機。或許你也會在未來人生的某個時刻，因為用這一方法而獲益匪淺呢！

本章結語

前溯後追，邏輯鏈條代表思維的深度

本章我們重點介紹了深度思維的第一種方法——思維邏輯鏈條。思維的基礎是知識點，知識點的串聯變成了思維的邏輯鏈條，邏輯鏈條的延伸則很大程度上代表思維的深度。

邏輯鏈條可以往兩個方向延伸，面對一個現象，向前追溯原因，向後探尋結果，這分別對應 5 Why 思考法和 5 So 思考法。不論是學習、工作還是金融投資，這些方法都能給我們帶來巨大的利益。

對一名思考者來說，思維方法的綜合使用是重要的話題。本章已經演示 5 Why 思考法和 5 So 思考法是如何綜合使用。在後面的章節中，你還將看到它們能夠與大勢思維、兵法思維等結合起來使用。更多的綜合使用則需要你在實踐中不斷摸索。

正如你已經看到和將要看到的，本書幾乎所有的思維方法之間都相互聯繫。思維是一個複雜的整體，所有的思維技術和思維格局都是其中的組成部分，可以說，思維方法的綜合使用才是思維的本來面貌。

第二章　換位思維

——如何知道別人在想什麼

如果不懂別人是怎麼想的，你的努力或許會白費。你需要建立共同認知、克服自我中心，才能自如切換視角進行換位思維，將深度思維的功效發揮到極致。

第一節　為何你的努力別人不買帳

掌握換位思維，讓你不只是感動自己

凌晨十二點，辦公室的燈還亮著，一位勤懇的員工努力敲著滑鼠鍵盤。這是一家小型旅遊公司，新開發一款以職場白領為對象的旅遊產品。針對職場白領日常疲勞、時間緊湊的特點，該旅遊路線週期較短，選擇在雲南大理洱海某風景優美的山水之地。這位員工為此做了一份精美的PPT和策劃文案。他在文案和海報上寫下「風光無限，暢享人生」。

一個女生單身已久，時常自嘲單身狗，內心對感情其實沒有太大期待，不過她有一個期待愛情已久的閨密。最近，閨密終於遇到自己心儀的男孩，男孩用甜言蜜語哄得閨密無比幸福。不過，善良的女生發現，男孩明顯是一個油嘴滑舌、愛說大話的騙財騙色高手，雖然沒有直接證據，但憑藉自己看人的能力已經可以百分之百肯定這一點。但是閨密卻被愛情沖昏了頭腦，視而不見。女生義無反顧地向閨密指出男方人品有問題。

一位部門負責人發現，之前高壓式的工作氛圍是部門人員流動頻繁的根本原因，他希望能用更加寬鬆的氛圍為員工減壓，但苦於公司政策不允許而無法實施。經過與公司高層反覆溝通和爭取，好不容易獲得許可，能對新進的一批大學畢業生放權，讓員工進行自我管理，希望他們能夠在輕鬆、沒有壓力的環境中工作，以自如的心態應對高難度的業務問題。

上述這些人為工作、朋友、下屬付出很多時間、心血和情感，也期待得到認同和感謝，他們能如願以償嗎？

不懂別人怎麼想，怎麼努力也白費

恐怕不能。第一個勤奮的員工辛苦熬夜寫出來的文案，恐怕會市場反應平平；第二個善良的女生好心指出男方是騙子，未必會得到閨密的感謝，甚至有可能兩人會反目成仇；部門負責人以寬鬆的環境優待新員工，有可能會收到工作執行混亂、紀律鬆散偷懶的回報。

也許你自我感覺良好，但別人往往並不買帳。

為什麼會這樣呢？讓我們來具體分析這三個案例為什麼會失敗。第一個案例，文案策劃者在文案和海報上寫下「風光無限，暢享人生」，意思是希望看到海報廣告的人能夠知道，這條旅遊路線的風景很好，如果他們選擇這個旅遊產品就能緩解疲勞、享受人生。

但是，實際看文案海報的人會怎麼想呢？假設他的理想客群——疲勞的白領看到文案「風光無限，暢享人生」，很可能會被激起反應：「『暢享人生』，唉，要暢享人生，得有充足的資金，還是要努力賺錢才行。」又或者會想：「『風光無限』，唉，我這麼累，還有一堆工作沒完成，真是一點都不風光。」

作為對比，假設這條文案這樣寫呢：

「你是願意待在沉悶的辦公室裡勉強安慰自己少點壓力，還是願意躺在大理洱海暢快地呼吸新鮮空氣？」

很明顯，第二種寫法才能真正打動客戶，讓客戶產生「壓力太大了，去旅遊放鬆一下吧」的衝動。

可惜策劃者沒有想清楚這一點。按照他的寫法，目標客戶即使碰巧看到了廣告文案，所思考的內容也可能與策劃者預估的完全不同。「風光無限，暢享人生」的文案只是告訴客戶你希望他怎麼想，但客戶實際上並不會這麼想。無論策劃者如何被自己的辛苦所感動，他的努力都變得無效，因為他並沒有想到客戶會對他的文案做出何種反應。

第二個案例，女生看穿閨密的男友是個騙子，好心向自己的閨密指出來，但是站在閨密的角度會怎麼想呢？她終於找到期待已久的愛情，兩個人卿卿我我甜甜蜜蜜，正沉浸在無比的幸福中，妳突然說她的男友是個騙子，而且只是憑藉自己的看人能力得到的結論，並沒有直接證據，閨密能接受嗎？即便有諸多線索和嫌疑，只要不是直接證據，閨密也很可能會視而不見，畢竟人類從來都是善於欺騙自己的。

閨密很有可能會想：「我終於有男朋友了，終於迎來自己的愛情，太幸福了！真希望永遠這樣幸福下去！什麼？妳說他是騙我的？不可能，絕對不可能！妳怎麼能這樣說？妳肯定是嫉妒我！妳太可恨了！」於是轉而把怨氣撒到女生頭上。

千萬不要以為閨密不會這麼過分，你低估了處於極端情緒中的人具有超越普通邏輯的思維。即便上述反應不是必然的，也不要低估這種概率。不懂站在別人的角度預估別人的反應，女生的好心很容易被當成驢肝肺。

第三個案例，主管為了減輕因部門壓力導致的人員流失，對新進員工採取低壓、自主管理的政策。但是他沒有想到，新進的大學畢業生和老員工的狀態是很不一樣的。老員工業務熟練、職責清晰，明白自己該做什麼不該做什麼，或許可以低壓管理，但新進的畢業生對業務完全不熟悉，對新環境抱有陌生、擔憂、恐懼等情緒，並且沒有職業習慣，不知道自己應該做什麼，最需要的是長期業務培訓、職務規範和老員工的悉心教導，至於嚴格、壓力大小等暫時還不是主要問題。

如果這個時候就對新員工低壓自主管理，新員工會怎麼想呢？他們很可能會想：「這工作怎麼做啊？該問誰呢？我這樣搞也不知道對不對。不過沒人管我，說明我做的應該沒什麼問題吧？好像沒什麼事啊，來上網看一下吧，有事應該有人會叫我的。」

由於不能評估別人的狀態，主管好心爭取的低壓政策，不僅無法解決老問題，而且還可能引發新問題。

這幾個案例都是典型的不懂得換位思維的失敗案例。由於不知道他人所想、不能評估和預估他人的反應，造成自己熬夜加班所做的努力對不上他人的真正需求，好心好意變成驢肝肺——你的付出只能感動自己。

生活中有太多的類似案例，包括父母和子女間的代溝、朋友間的矛盾、主管與下屬間的溝通不良、甲方與乙方間的合約糾紛等，我相信大家一定經歷不少。總之，如果不具備換位思維的能力，生活與工作中會出現很多問題。至於這幾個案例如何用換位思維來應對，可以在微信公眾號「人生策略師」後臺回覆關鍵字「換位思維」查看答案。

上面幾個案例都是不具備換位思維能力造成的負面效果；那麼具備了換位思維的人，又能對自己的人生產生多大的正面效益呢？

高手是怎樣換位思考的

在小說《遙遠的救世主》中有一個關於換位思維的精彩案例。

韓楚風是某個大型商業集團的經理，業務能力出眾，深得前任總裁喜愛，也是集團前任總裁在生前向董事會提名推薦的總裁候選人。但前總裁的意見並不能一錘定音，兩個副總裁都比韓楚風資歷更深，在公司裡勢力龐大。他們兩人參與了總裁職位的爭奪，這讓韓楚風很被動。董事局則只重視利潤，並不怎麼重視前總裁的推薦，所以對相對年輕的韓楚風不那麼支持。韓楚風該如何從總裁位置的爭奪中勝出呢？

資歷比不上兩位副總裁已經是大問題，更何況韓楚風並無太多支持，而兩位副總裁則羽翼豐滿。三人的競爭中，韓楚風已然是最弱勢的一方了。如果要與兩位副總裁鬥，極有可能鬥不過，但是不去爭總裁的職位又不甘心。在這種不利的情況下，如何翻盤？韓楚風為此心煩不已。

所幸他的朋友丁元英是一位懂得換位思考的高手。丁元英跳出韓楚風的思考局限，轉換到董事局和兩位副總裁的位置上去看待問題。根據這些新視角，丁元英設計了一個反敗為勝的招數，建議韓楚風主動退出競爭。一段時間以後，董事局自然會任命韓楚風為總裁。

為什麼？玄機就在董事局和兩位副總裁的視角。在董事局的視角上，問題是這樣的：

我們想找一個最能為集團賺錢的人當總裁，雖然韓楚風能力不錯，得到前總裁的推薦，但是兩位副總裁能力也很強啊，在能力上三人並沒有明顯的高下之分。但是兩位副總裁的資源更多，資歷更深，集團裡支持他們的人也很多，可能還是他們更能帶領集團發展。不過，具體是他們之中的哪一位，還有待確定。

而在兩位副總裁的視角上，問題是這樣的：

韓楚風這種愣頭小子居然跟我這老資格爭奪總裁位置？憑什麼？論能力論資歷他哪一點配得上跟我比？要是另一位副總裁得位置也就算了，如果讓他騎到我的頭上，那簡直是奇恥大辱！一定要把他打倒。

但如果韓楚風按照丁元英的建議在競爭開始時就主動退出，兩位副總裁的視角就發生了變化：

韓楚風退出是正常的，他的實力本來就弱。現在我要把全部精力集中在另一位副總裁身上。如何才能把他扳倒呢？應該這樣……

所以，韓楚風的退出會導致兩位副總裁的相互鬥爭，帶領自己的一幫人開始集團內耗。由於兩位副總裁的勢力旗鼓相當，所以這個內耗會持續很長時間，導致集團利益大幅受損。而這一切都會被董事局看在眼裡，董事局會基於此來下判斷，誰是搞內耗的、誰是真正做事的，並得出結論：還是應該讓韓楚風來當總裁。

以退為進，不戰而勝。這樣巧妙的方法是怎樣想出來的？就是換位思維的結果。最終，事情的走向一如丁元英所料，韓楚風確實如願登上總裁的寶座。

你不要以為這種換位思維帶來的命運改變和事業成就只是小說情節，其實現實生活中的成功案例比比皆是。每一份直擊人心的文案策劃，每一次打開局面的商務談判，乃至每一個引爆使用者熱議的產品設計，背後都對應著成功的換位思維。

未來，隨著服務業在社會經濟中的占比越來越大，人際交流越來越頻繁和複雜，換位思維正在從少數人才有的軟能力，逐步變成對大多數人來說都有要求的硬能力。時代在變化，你準備好了嗎？

第二節　進入別人的視角

如果我是他，會怎麼想

什麼是換位思維？

換位思維，一般是指思考、感受別人的內心所想，並以此為邏輯起點展開自己的推論和行動。

當你已經明白別人是怎麼思考的、別人為什麼會產生這樣的想法時，你就得到換位思維的結果。那麼該如何得到這種結果呢？你需要在思維的前端、尚未得到任何思維結果時，就切換到別人的視角上。

即，換位思維的核心，是從別人的視角出發來看待、思考問題。我們來看一個小故事。

詩人讚美太陽：偉大的太陽終將降臨，每一次日出，給大地帶來光明。

太陽回應詩人：我真沒動，是地球在動……

上面詩人與太陽的小故事告訴我們，從不同視角看問題會造成不同的結果。思維的精髓之一就在於你看待問題的視角，如果從別人的視角出發就是換位思維；如果從與常人相反的視角出發就是逆向思維；如果從所有人都沒想過的思維出發就是創造性思維。總之，多一個視角就多一種思維方式。

但很可惜，人們常常只有一個看待問題的視角，就是自己的視角，這是人類根深柢固的本能。用一個視角代替無數個視角，人的眼光以及思維就被極度局限了。

那麼，怎樣才能做到從別人的視角出發呢？

「共同經歷」塑造共同認知

一個關鍵點是，你得和別人有共同的認知系統。

雖然沒有任何兩個人的認知系統是完全一致的，但是要想在某件事上能夠從他人的視角出發看待問題，就必須要在這件事情上和他有部分的共同認知。如果在某個問題上的認知系統完全不一樣，那麼針對這個問題就絕對無法換位思維了。而認知系統，又常常是自身經歷所塑造的。

有一個笑話反應了這一點：

聯合國發起作文大賽，邀請歐洲、美國、非洲、中國等地的兒童對「非洲兒童糧食缺乏」這一問題發表自己的意見，結果各國兒童都不知道怎麼寫。聯合國非常不解，遂進行深入調查，發現原因如下：

歐洲兒童不知道什麼叫「糧食缺乏」；

美國兒童以為美國就是世界，不知道什麼叫「非洲」；

非洲兒童不知道什麼叫「糧食」；

中國兒童則不知道什麼叫「自己的意見」。

在上面的例子中，各國兒童就是無法換位思維，因為他們的認知系統差距太大。沒有體驗過糧食缺乏的歐洲兒童，無論怎麼換位思維，也無法理解長期缺乏糧食的非洲兒童是怎麼想的；以自己為中心的美國兒童，也不可能理解為什麼中國兒童沒有自己的意見。

有一個笑話也很好地反應了這一點：

二〇一六年美國總統大選，候選人為川普與希拉蕊。事前所有媒體、意見領袖都認為，希拉蕊必勝，川普必敗，尤其是占領輿論高地的常春藤高校學生、社會精英等，更是一致認為希拉蕊的勝出毫無懸念，不可能有人願意推選川普這種「種族主義者」、「大男人主義者」當總統。甚至有人編寫了一本書《希拉蕊：通向白宮的最後一英里》。

但選舉結果令所有人都震驚：川普勝出，希拉蕊的最後一英里硬是沒走過去。大量社會精英和高校大學生陷入巨大的震驚和悲痛中，懷疑是選舉造假，因為他們完全不能理解怎麼可能會有人支持川普。事後調查發現，支持川普的大多為白人中下層階級，這些事先隱形的人群決定了選舉的走向。

這個笑話可能不怎麼好笑，而是諷刺當時美國社會的分裂，大量精英和優秀大學生已經完全不能理解社會中下層的白人在想什麼，因為他們所處的階層、生活的經歷差別太大，這造成了他們完全不同的認知系統。

如果你想要通過換位思考理解別人的想法，你就必須要和他有共同的認知系統。為了有共同的認知系統，你得與他人有類似的經歷和體驗。從這個道理可以推出幾個提升換位思維能力的方法。

第一、對於曾經有過類似的經歷體驗，可以再次喚回它們。

人的經歷體驗會沉積進入內心深處，並不常在認知表層出現。所以有時候，即便你曾經有過某種體驗並積累相關的認知，但在當下並不能自然地流露出來，需要你有意識地去刻意喚回。

一個部門主管自己曾經也是新入職場的大學畢業生，也曾經歷過面對陌生環境的茫然、懷疑自己是否能夠勝任的擔憂、害怕犯錯誤的緊張，但幾年之後當他變成職場老手時，已經忘記當年的青澀，各種緊張、擔憂、困惑的情緒早已消散。所以他無法立刻換位到新進員工的思維中，沒有想到，這些新人最想要的不是寬鬆自由的環境（業務已經熟練的老員工對自由寬鬆的要求相對較高），而是細緻的培訓和指導。主管在做出決定之前，應該好好回憶一下：「我當年大學剛畢業進入公司時，是怎樣的感受？」通過有意識地回憶當年的經歷，他才有可能知道新員工的心裡是怎麼想的。

第二，對於沒有經歷過的，也許可以臨時體驗一下。

曾經有一位美國作家做了件讓人震撼的事情：她隱瞞自己的身分、斷絕和朋友的聯繫，帶著一千美金和一部汽車深入美國底層人群，體驗底層的生活。經過深入的體驗，她逐漸揭開美國底層人民生活的面紗，也能夠理解窮人的思維方式。後來，還出了一本書，《我在底層的生活》。

這位作家是個高學歷的富人，如果不進行這樣的臥底體驗，她很難換位到窮人的位置上去思考，因為不同的經歷會造就不同的認知系統。在她原有的認知體系裡，是越窮的人越應該工作，越窮越應該想辦法提高自己的技能水準。但經過親身體驗，她發現，原來美國的窮人是越工作越窮，根本沒有時間和精力去提高自己的技能水準。她寫的那本書後來成為超級暢銷書，因為很多人也無法明白底層的人是怎麼想的，只能買她的書，參考她的經歷體驗。

臨時體驗雖達不到長期浸染的效果，但有一定的作用：能夠為換位思維打開一扇窗。

第三，如果無法體驗，就尋找有相似經歷的人來幫助自己思考。

很多父母不知道自己的孩子在想什麼，即便他想回憶自己童年時的情景也未必管用，因為他成長的年代與孩子成長的年代差距太大，沒有太多借鑑意義。而父母又顯然沒法把自己暫時縮小去體驗孩子的生活，這時候父母該怎麼辦？與其私下揣測孩子的想法，不如虛心請教孩子的同學和玩伴，聽聽這世代的人想法有什麼特點。

設計師在設計產品的時候需要一個程序：在大規模推廣生產之前需要客戶試用。本質上，設計師想要換位到客戶的位置去思考是非常困難的，那乾脆直接找客戶試用然後提意見，這樣就能直接瞭解客戶的想法。如果缺乏這個程序，產品推出的風險就很高。現在互聯網行業基本上都會採用這個程序，並且有快速反覆運算與改進的特點，可以高精準地知道用戶在想什麼。

克服自我中心

也有時候，我們已經和別人有了共同的認知系統，但依然無法形成換位思維。事實上，由於大家都是人，都有基本的喜怒哀樂等情緒，都要吃飯睡覺，所以對大部分事情是有天然的共同認知。但換位思維依然很難，因為我們無法克服自我中心，習慣於死死地守住自己的單一視角。

自我中心是一種根深柢固的心理習慣。佛教當中有個詞叫「我執」，用在此處非常合適。我執，指的是人們非常執著於自我這個概念，習慣於死死抓住與自我有關的一切：我的情緒、我的想法、我的觀點、我的財產……

這是人的本能，每個人都如此，大多數時候它並不算是個缺點，也不需要對它大肆批判，但是對換位思維來說它卻是個極大的拖累。如果你想要培養換位思維的能力，必須學著克服這個習慣。

上一節開頭的案例，旅遊公司文案策劃者寫「風光無限，暢享人生」的廣告語就有明顯的自我中心痕跡。他心裡有一個文案策劃的提綱，想表達一種觀賞風光、享受人生的主題思想和感覺，但當他寫下「風光無限，暢享人生」時，他僅僅把自己的廣告提綱和目標思想表達出來，而忘記廣告觀看者距離這種語言描述太過遙遠。即，他是以自己為中心考慮問題的。

如果把他的「風光無限，暢享人生」的文案和後面我給的「你是願意待在沉悶的辦公室裡勉強安慰自己少點壓力？還是願意躺在大理洱海暢快地呼吸新鮮空氣」，兩者拿來做個對比，問他哪個更好，作為一名合格的行銷人員，他很容易就能分辨出顯然第二個更好，因為第二個文案是以客戶的視角為中心出發的。但是他卻沒能在事前想到這一點，因為他太過於習慣以自己為中心了。

在現實生活中，我們也常常犯類似錯誤，由於自我中心的習慣而弄錯了自己能力以內的事情。如何破除自我中心的習慣，形成「無我」、「非我」（意思是暫時忘掉自己，捨棄自我的思維、情感、習慣等，讓人輕鬆地切換到別人的視角上，觀察和感受別人的想法）的新習慣成了培養換位思維的關鍵。

下面向大家推薦幾個可以培養「無我」習慣的小練習。

練習1：經常問自己：「如果我是他，我會怎麼樣？」

要弱化自我的感覺，一個辦法是把自己變成「他」。當你看到別人的故事時，你要嘗試把自己當成那個人，彷彿就是自己的故事。你想像自己就處在那個場景中，然後思考應該如何行動。

這是一種練習換位思維的辦法，同時也是一種學習歷史、讀歷史書的方法。

宋代著名史學家呂祖謙說：「觀史如身在其中，見事之利害、時之禍患，必掩卷自思，使我遇此等事，當作何處之。如此觀史，學問亦可以進、智識亦可以高，方為有益。」清代名將左宗棠則說：「讀書時，須細看古人處一事、接一物，是如何思量、如何氣象。及自己處事接物時，又細心將古人比擬。設若古人當此，其措置之法，當是如何？我自己任性為之，又當如何？然後自己過錯始見，古人道理始出。斷不可以古人之書，與自己處事接物為兩事。」

上面兩位名士說的都是類似的意思，讀歷史書的時候，就要把書中人當成自己，想像自己正在經歷各種喜怒哀樂和生死存亡，這樣讀書才能夠增進學問和智慧。

我們大可以借鑑這種方法，以此類推。不僅讀歷史書的時候如此，平時觀察社會時事和身邊的人事物，也可用類似方法。常常問自己：「如果我是他，我會怎樣？」久而久之，自我執著和局限的習慣就會有所弱化，而換位思維的能力就會有所提升。

練習2：建立抽離感

這是一個有趣的練習。我們或許在電影中看過這樣的鏡頭：一個人的靈魂離開自己的身體，從外面隔著一定的距離看著自己。自己從自己內部抽離出來，像一個外人一樣觀察自己，這就是抽離感。

抽離感的反面是代入感。最有代入感的事情可能是吵架。在激烈的情緒中，你是全然地在體驗自己。但你可以突然這樣想：另外一個人在和我眼前的人吵架，我往外走幾步，看這兩個人是怎麼吵架的。就好像你在看電視，電視上有兩個人在吵架。這種感覺很奇妙，就像自己突然變大了，靈魂變得更加輕盈和開闊。

這種抽離感的練習可以隨時做。我正在電腦上打字，我在體驗自己，我也可以突然定住，然後抽離出來，想像我面前有一個人在電腦上打字，我在看著他。在打字的是我，旁邊觀看的人也是我。短短幾秒鐘，我就做了一次抽離的練習。

假設你上班、加班、下班，感覺壓力很大，然後和同事去酒吧狂歡了一把，接著回家癱軟在床上。你體驗了這一切。現在你抽離出來，你看見一個迷茫的人在經歷上班、加班、下班、狂歡、疲憊等事情，你就這樣冷眼看著他。他的迷茫、局限、痛苦都在你眼裡。這樣的練習常常會帶給你新的生活視角。把自己當成「他」，讓你在需要換位思維的時候更容易抽離出來。

練習3：觀察他人喜好

我們習慣於進入自己的生活，而不習慣進入他人的生活。我們需要練習，練習如何成為他人。但這麼說顯得比較抽象，依然不知道怎麼練習。有一個有意思的小技巧，它給了一個明確的任務：請在最短的時間裡，觀察並猜測身邊某個人喜歡什麼。

假設你家裡來了個客人，你的茶几上擺著幾樣食品。客人快速掃視這些食品，目光在不同的食品上停留的時間長短不一，並露出非常微妙的表情差異。你的目光應該緊盯住客人的眼神，根據他表情的微妙變化來推測他對不同食品的喜愛。這種觀察遊戲很有趣，也有一定難度。

商場裡的銷售員天天都在做這種遊戲。每一位顧客走進商場，在不同的商品前踱步、觀察並拿起來摸摸。銷售員以此推斷顧客最喜歡的是什麼，並做相關推薦。因為這直接影響他們的收入，所以銷售員們觀察人的能力往往很強。

無論是克服自我中心的三個練習，還是建立共同認知的方法，都能促進你換位思維能力的發展。除了這些基本方法，換位思維還有很精彩的技術體系，本章後面一節的內容就是其中一部分。另外還需強調的是，換位思維與生態思維有很大關聯，所以在第五章「生態思維」中也有部分換位思維的講解，此處就不重複了。

第三節　六頂思考帽

換位思維，讓一個人變成一個智囊團

在本節當中，我們將瞭解換位思考的一個精彩而有趣的應用。

思維的結果常常取決於看待問題的視角，站在他人視角上，就得到了換位思維。由於不同的人想法差別巨大，我們會有一種感覺，換位思維是變化無常、完全沒有任何套路可以摸索，純粹靠自己去領悟。

但正如上一節提到的，人類的共同性遠遠大於差異性，很多基本思維特質與人生經歷都有許多共同性，如我們都會去蒐集客觀資料、都有過樂觀和悲觀的經歷、都或多或少做過一點組織全局的事務（不論是成年人經營一間公司，還是小學生建議同伴該玩什麼遊戲）。基於這些共同的思維特質，廣泛地進行換位思考就是可能的了。儘管我們對換位思維技巧的運用尚未熟練，但不能否認這種可能性。

如果想得到優秀的思考結果，最合理的辦法是不要一個人思考，而要找一個智囊團來幫助自己。在智囊團的選取過程中，有一個重要的原則是差異性和多元性。要思維特性大不相同的幾個人湊在一起才能形成思維互補、平衡觀點，比如數學家、駭客、心理學家和軍事安全專家就是一個合理的組合，而教育心理學家、心理治療師、社會心理學家和行為心理學家的組合則效果欠佳。

不過一般人無法這麼奢侈，只有資金龐大的企業和財團的頂級決策機構或者政府，才有能力組織一個有不同思維特質成員的優質智囊團，而普通人只能孤身奮戰、自說自話，遇到事情也沒人商量。

但是，有沒有一種辦法能讓普通人也擁有自己的智囊團呢？

好消息是，真的有這樣一種方法！雖然我們沒錢招募一個智囊團，但是卻可以通過換位思維來達成類似的效果。

六種思維特質

想像你面前站著六個人，這六個人都具有極端的思維特質。

第一個人，他是典型的全局組織者、領導者。經常擔任裁判、主持人、監督者、檢察官等角色，他永遠都想著要掌控全局，做事情條理清晰。人們常常評價他：「只要他在，就感覺大局在握了。」他穿著一身藍色衣服，戴著藍色的帽子。

第二個人，他是個典型的資料狂、數據狂，熱愛收集、儲存資料，外號「人形電腦」。他很木訥，從來沒有任何情緒，只是喜歡蒐集資料而已；他甚至沒有什麼思想，不給任何結論，每當你問他「你有什麼想法？」時，他總是聳聳肩：「不知道，我再給你看點資料你自己判斷吧。」他穿著一身白色衣服，戴著白色帽子。

第三個人，她是典型的感性思維者。她永遠都在說：「我的直覺……」、「我的感覺是……」她的情感豐富，起伏比較大，人們常常評價她：「你有點不太客觀吧。」但是她對此絲毫不以為意，永遠活在情感與感性的世界裡。她穿著紅色衣服，戴著紅色帽子。

第四個人，他是個典型的樂觀派，看什麼事情都覺得充滿希望，還喜歡折騰，愛好創新。他總說：「這件事情很有希望！」、「這有很大的好處啊！」甚至面對高風險的事物，他也會覺得風險不是問題，依然有很大的機會。人們常常評價他：「凡事過於樂觀，可能會摔跟頭哦。」他穿著黃色衣服，戴著黃色帽子。

第五個人，他是典型的保守派，看什麼事情都覺得充滿危險，這也不行，那也不行。他常常說：「這個想法很危險。」、「這事情看上去有希望，但實際上危機重重。」每當別人提出一個新計畫的時候，他總能指出計畫的各種漏洞，並補充一堆可能的困難。人們常常評價他：「過度謹慎，畫個圈待在裡面不出來，簡直什麼事都做不了。」他穿著黑色衣服，戴著黑色帽子。

第六個人，他是典型的創新者，總是能想到和別人不一樣的東西。他總是提出新觀點、新視角，對於已有的專案總想添加幾個備用方案，有些方案甚至感覺過於創新、缺乏邏輯。人們常常評價他：「很能創新，甚至有點過於標新立異。」他穿著綠色衣服，帶著綠色帽子。

這六個人，代表了六種思維特質：

全局分析、客觀事實、感性直覺、樂觀思考、保守行事、創新思維。

由於極端的思維特質，他們每一個人思考問題都是不全面的、低效的，但如果把這六個人集合起來呢？就像聘用了一個智囊團，讓他們每個人都根據自己的特質為你出謀劃策，這就能達到多維思考、相互制衡、算無遺策的效果了。當然，要去找六個這麼特殊的人隨時為你服務是很難的，但通過換位思維的方法，先後換位到這六個人的視角上去看問題，然後再集中起來，就可以以一敵六了。

這就是思維方法大師愛德華・德・波諾的著名思維技巧——六頂思考帽。

六頂思考帽的名字看上去很有趣，但我們應該理解，這種思維方式就是換位思維的一種。它要求你先後換位到六種不同特質的人的位置去進行思考，然後把六種思考結果集中起來得出結論。

六頂思考帽代表的是六種思維特質，它們是每個人都有的，只不過不同的人在不同的思維特質上強弱差別很大，但你要確信，上述六種特質一定是你同時都具有的。最保守謹慎的人對今天晚上吃飯應該不會噎死充滿信心，同時知道，如果要查詢世界第二高峰的高度，應該在網上搜尋一下。沒有人會完全缺失哪種特質。

由於你具備以上的每種特質，讓你轉換到他們的視角去進行換位思維，並不是一件很難的事情，只不過你之前從來沒想過要這樣做。但是我建議你現在就開始進行這種思維練習，因為當你在一件事情上同時具備這六種思維特質的時候，你就能夠對事情進行全面的思維和考察，從而大大降低錯漏和掃除迷障。

白色思考帽讓你變得客觀，尊重事實；黃色思考帽讓你不錯失機會；黑色思考帽讓你不要莽撞冒進；綠色思考帽讓你勇於創新；紅色思考帽讓你擁有直覺；而藍色思考帽讓你縱觀全局，不出現盲點，也不失控。當你使用六頂思考帽的思維技巧時，你自然就擁有了上述的優點。

六頂思考帽的使用技巧

由於思考帽的數量較多，應用場合也很廣，所以我們很自然地會有疑問：

我該以怎樣的順序使用這六頂思考帽？

需要全部使用嗎？

什麼時候使用？

誰來使用？

……

讓我們來逐一回答這些問題。

使用順序與數量

六頂思考帽並不存在某種固定的使用順序，不過某些帽子放在某些位置上會比較合適，也更常見。

白色帽子常常在思考事情的早期使用。白色帽子代表的是客觀資訊，而幾乎所有類型的思考都需要客觀資訊，所以白帽子放在最開始比較合適。但白帽子常常被反覆使用，因為其他類似的思考帽在使用時，常常發現客觀資訊不夠，需要臨時補充。

藍色帽子常常在思維的最開始和結束時使用。藍色思考帽的一個作用是引導全局，先思考最開始的布置是它的工作之一。在結尾時，當各種思考帽或者思維特質全部發揮作用以後，產生的大量資訊可能讓人有點混亂，需要一個條理清晰的全局掌控者進行最終的思維梳理。同時，如果思維的中間發生了混亂，那麼作為組織者的藍色思考帽應該及時插手，終止混亂，重新把思維帶回正軌。

其他顏色的帽子並沒有嚴格的順序標準，可以靈活使用，也可以多次使用。但有些注意事項，比如，職位較高的領導者最好不要在早期使用紅色帽子，如果領導者很快表明自己的喜好，這會從心理上限制了其他人的發揮；綠帽子代表的創新思維難度較高，所以使用的時間可能需要有所延長；對於特別樂觀、大家都認為很容易的事情，就要使用黑帽子進行風險評估；對特別悲觀的事情，就要使用黃色帽子，看危險中有沒有機會。

至於是否需要使用所有類型的帽子，答案是不一定。如果是特別重要的事，容不得半點閃失，當然需要所有思維角度全部上陣。沒那麼重要的事情，你可以只使用其中一兩個角度。中午吃蓋飯還是拉麵，就不用全面分析了。

使用場合與人員

六頂思考帽代表的是六種思維特質，是你進行六種特定換位思維的結果集合，其使用沒有什麼特定的場合限制。一般使用主要分為個人使用和集體使用兩種。

我推薦每個人都嘗試使用六頂思考帽，這是很好的思維練習。上述六種思維特質都有積極的作用，但每個人會本能地偏向於使用其中的兩三種，而缺失了其他的部分。就像是將要面臨大考的高中生，數學已經接近滿分，但語文和英語或許還不及格。我們需要均衡發展。

六頂思考帽能夠幫助我們均衡地發展缺失的思維特質。我們缺失的特質常常被自己的情緒所阻礙，比如一個使用黃色帽子的樂觀派，他在情緒上可能就偏向厭惡黑色帽子代表的風險意識，如果有人在外面勸誡他：「這事有風險，要謹慎！」他可能會感到煩躁，由於不喜歡這樣過度保守的人格，他不允許自己擁有類似的思維。這是一種常見且十分普遍存在的自我保護。

而六頂思考帽能夠遮擋情緒上的不愉快。因為當使用六頂思考帽技巧的時候，我們知道自己並不是變成另一種人格，只是在換位思維，只是在使用一種思維技巧，這給我們原本的人格保留了充分的安全空間。頻繁使用六頂思考帽的技巧，能夠讓我們缺失的思維特質迅速補全，消滅思維上的弱點。雖然我現在已經切換到更加複雜和強力的思維系統中，正如你將在本書其他章節中看到的，但是我還記得，很久以前，當我開始使用六頂思考帽進行思維訓練時，思維能力的進步是多麼令人驚喜。

另一個重要的使用方式是集體使用。在會議與討論中，六頂思考帽的技巧可以大幅提高思維和交流的效率。由於人多嘴雜，會議往往低效而冗長，每個人堅守自己的觀點而不願意屈從別人。與一個觀點不同的人進行換位思維已經很難，會議中出現的多個不同觀點就往往超出普通人換位思維的能力。所以開會的常態是，要麼爭論不休，要麼集體沉默。

但六頂思考帽作為一個技術性工具，直接遮擋了所有人格特質類的爭吵。你沒法跟我吵架，因為我現在說的話不代表我，只代表我戴的一頂帽子。也就是說，我的發言內容是工具性的，不是我的個體人格與偏好。當每個人都使用六頂思考帽技巧的時候，我們就自然而然地完成了集體換位思維。其妙處在於，在六頂思考帽的使用過程中，**每個與會者既保持了高度的思想一致，又保持了思維的多樣性**。

在會議中使用六頂思考帽，有一個重要的注意事項：每個人都要使用所有顏色的帽子（藍色除外）。有時候我們會使用錯誤的方式進行：這個人很有創造性，戴個綠色帽子吧；那個人很謹慎，戴著黑帽子比較合適……這樣的方式並沒有什麼特別的作用，每個人依然是他自己，依然會導致爭論。

正確的方式是，在同一時間，所有人都使用同一種思維方式。現在戴上綠色帽子，意思是與會者全部都要進行創造性的思考，不管你的原始想法是提示風險還是產生某種直覺，你都要暫時放下這些想法，開始創造性的思維。進入白色帽子時間時，意味著所有人都要進行客觀事實資料的搜索和分享。

一個完整的使用案例

假設一個廣告從業者準備換工作，他在內地老家某城市的國營企業有三年的廣告經驗，現在考慮是否去深圳重新打拚。他一會兒想，現在的工作太無聊了，官僚氣息濃厚，去深圳這個年輕的城市多有意思；一會兒想，深圳房價貴，物價高，自己去了能立足嗎？在老家買房買車都比較容易啊；一會兒又想，還是深圳機會更好些，市場更活躍，能學到東西；一會兒又想，可是自己在老家有人脈資源，什麼事情都有個照應……

前後搖擺，猶豫不決。

在混亂的思緒裡，讓我們嘗試用六頂思考帽來解決上述難題。他在一張紙上寫下「藍帽子、紅帽子、白帽子、黃帽子、黑帽子、綠帽子」十八個字，開始嘗試使用六頂思考帽。

儘管他的思維還是很混亂，但是他按照流程開始做。他心想，「我戴上藍色帽子開始思考這件事情，因為一般情況下都是藍色帽子打頭陣。現在，如果我是一個全局掌控者，我會想什麼？」（後續每種顏色帽子的出現，都代表一次的身分轉換和換位思維）

藍色帽子

先來看看我們要思考的問題是什麼。要去深圳打拚，還是要留在老家。也就是說，我們要比較在深圳和待在老家的各種利弊，綜合考慮工作和生活兩個方面。

儘管如此，他還是感到有些混亂，無法確定從哪些字面去思考。接著，他看了一眼紙上的六種帽子，突然意識到：「哦，白色帽子。白色帽子早期也要用到。現在，如果我是個資料狂，我會做什麼呢？顯然，我要收集資料。」

白色帽子

查一些資料和數據吧。

根據蒐集到的資料，本地廣告業就業機會接近於零，除了我所在的國企沒什麼像樣的公司，沒有跳槽的可能；我的主管熬十二年才升一級，工資只比我高三千元，其他隱性福利不太清楚，但估計一年不超過五萬；同時，主管職位有六個人爭奪，我的機會只有六分之一；在工作內容上，老家的公司只注重傳統媒體行銷和地面推廣，網路廣告形同虛設，脫離時代潮流；物價方面，本地房租每月一千八百元，飲食生活成本每月一千五百元。

深圳由於廣告業需求旺盛，可以隨時找到新工作；根據網路上顯示的資料，深圳的廣告業平均晉升速度為二至三年升一級；平均收入是本地市場的二．五至三倍，而高階職位收入為本地的五倍左右；由於市場不斷擴大，所以新的主管職位不斷被製造出來，比率不能確定，但是不會比老家更低；內容上，深圳的廣告業注重互聯網行銷，兼顧傳統廣告，引領廣告行業；物價方面，深圳同等級房屋對應的租金為五千元，飲食生活成本每月三千元左右。

面對這些資料，他又該如何思考呢？思維本能地再次混亂起來。於是他再次看了一眼紙上的字，想道：「換個試一下吧，現在先試試黃色帽子。如果我是個極端樂觀的人，會怎麼想呢？」

黃色帽子

看起來很樂觀，如果我去深圳打拚，由於需求旺盛，我會很容易找到工作；晉升速度快，我不需要向老家的主管那樣熬十二年才升上去，平均二至三年就行了。說不定再過幾年經驗充足了，還可以自己創業呢！收入明顯比老家高幾倍，雖然物價也高，但是無所謂。

接下來也要試試黑色帽子。「如果我很悲觀，對一切新事物都持批判態度，會怎麼樣？」

黑色帽子

真的無所謂嗎？你在老家的國企廣告部門待了三年，並沒怎麼學到東西，你去了能和深圳的同齡從業者競爭嗎？人家可是高強度地磨練了三年呢！收入雖然高兩三倍，但是房價高了五倍！你買得起深圳的房子嗎？再高的工資也買不起！別說買了，甚至租房都困難。還有，老家的資源難道白扔了嗎？如果你在深圳混不下去，再回來就進不了現在的單位了！

現在到了最困難的時刻，思維又變得混亂，因為又回到一開始那種「既有優點，也有缺點，完全沒法判斷」的狀態裡。在混亂的狀態中停留了幾分鐘，他感到越來越不順暢，皺起眉頭。突然，他意識到該繼續完成六頂思考帽的流程，於是向紙上看過去：「啊，還有綠色帽子沒用。好吧，先不管黃帽子和黑帽子的衝突，如果我是個充滿創意的人，該怎麼想？」

綠色帽子

黑色帽子提出來的幾點問題確實存在，我們看看有沒有辦法解決。去了也競爭不過深圳的同齡人，這個確實啊……對了，錯位競爭啊！我們就去跟剛畢業的新人競爭，肯定有優勢！無非是再從基層職位開始做起！這個問題不大，人活一口氣，總比在舊的體制裡憋死好。

房價高，比工資更高，這是個公認的難題，怎麼辦呢？如果發展得特別好，一年五十萬收入，那麼深圳的房價問題也不大；不過，如果過了好幾年都達不到那麼高的收入該怎麼辦呢？始終買不起房，那就只能回老家了。唉，不一定，再去其他地方找機會也可以啊！帶著深圳的廣告業水準，去二線城市，哈哈，降維打擊！

對了！說到降維打擊，回老家也是降維打擊啊。目前的公司也許能夠再進去，畢竟我的水準到時候肯定比現在這幫人更強；不過萬一他們卡關係不讓進去呢？畢竟本市也沒什麼像樣的廣告公司，其他的水準更差。那就找不到工作了啊！嗯，不好辦……

對了，創業？就回老家創業也可以啊！唉，用最高的水準對抗本地的低水準廣告公司，這個搞起來很輕鬆吧！到時候老家的資源還能再用用……

好了，看起來是條路。那麼問題解決了嗎？不好說，紅色帽子還沒用過呢，當理性分析遇到瓶頸的時候，可以問問自己的直覺：「如果純粹看感覺的話，我對目前的分析有什麼直覺呢？」

紅色帽子

感覺上雖然說得很有道理，但總覺得哪裡有點不對勁，還是很緊張。

如果感到有點問題，就再調用黑色帽子來看看，到底問題在哪裡：「現在我又變成專挑問題的批判者。那麼問題在哪裡呢？」經過一段時間的思考，他終於找到問題所在。

黑色帽子

可是你剛去的第一年就會受不了那麼高的物價，這樣根本就沒後面的事情了！

這個問題是事實，那該怎麼辦呢？他又看了一眼紙上的字，意識到該繼續調出綠色帽子來思考。

綠色帽子

第一年確實壓力很大啊。具體算算，剛去深圳無經驗的新人，大概能拿個六千至七千元工資，我們雖然水準不高，但也稍微有點經驗，算個七千至八千吧；基本的飲食交通大概兩千五百至三千元；房租要五千元，基本上就月光族，可能還不夠。根據平均晉升速度還要持續兩年，唉，好痛苦啊。

思維再次陷入僵局，他看著紙張上「綠帽子」三個字，突然意識到問題：思維方式出錯了，綠色帽子不負責感覺與消極思考，只負責開拓新的解決方案和產生新想法。他決定按照正確的方式重新進行一次綠色帽子的思考。

綠色帽子

好吧，新想法。啊，對了，關於住房成本高，其實剛去深圳沒必要住很好的房子啊，租個單人房得了。深圳一個普通單人房多少錢？

這個時候，往往需要臨時插入白色帽子——蒐集更多的資料。經過詳細的資料蒐集，得到如下結果：

白色帽子

不同區域差別很大，高的三千元，低的大概一千八百元左右。

綠色帽子

那就好了呀，剛去的時候租個單人房，經濟上就沒那麼吃緊。努力拚搏兩年就好了。

至此為止，思路似乎稍微清晰一些，可以做個總結了。

藍色帽子

下面我來總結一下。根據系統的對比分析，如果去深圳打拚，將會得到更好的就業機會，更好的長遠發展可能以及更高的報酬水準。風險和代價是，如果幾年之後發展得並不是很好，就沒法承受深圳的房價和物價，必須離開；在最初過去的時候，需要重新起步和新人一起競爭，忍受較為艱苦的財務狀態。

面對風險和代價的備選方案是，如果在深圳學到了更高的技術水準，那麼即便在深圳無法買房，可以回老家或其他二線城市尋找機會；最初過去的兩年，需要租單人房來緩解財務壓力，並且減少娛樂消費。

現在似乎有基於理性分析的全面評估，是否可以敲定最終結果了呢？不著急，還可以再從感覺方面去看看，所以不妨再次調出紅色帽子，看看感覺如何，並進行前後對比。

紅色帽子

感覺很清晰！雖然有點壓力，但是可以接受啊！人就應該換個活法！

這一次，紅色帽子的感覺比之前更加積極了。如果他對這一結果還不放心，想要再謹慎保守一點，可以再次調出黑色帽子看看是否還有問題。

黑色帽子

我反對！我認為這樣很危險！

那麼在黑色帽子下，還有什麼新的觀點和論據補充嗎？經過再三思考，發現並沒有，僅僅是平白無故的緊張而已，那麼可以敲定最終結論並擬定行動方案了。

藍色帽子

反對無效。綜合判斷，雖然去深圳闖蕩壓力較大，但是整體可以控制，也有退路。同時未來前景較好，更符合我們內心對美好生活的嚮往。從現在開始進入具體找工作的階段，工作確認以後就和目前的公司辭職。本次會議圓滿結束，解散！

在上面的案例中，除了開頭和結尾由藍色帽子掌控以外，其他顏色的帽子出場順序並不固定。你可以看到，上面不同顏色帽子的對話顯得有點混亂，充滿各種糾結，這代表了我們思維的真實狀態。沒錯，我們的思維就是這樣的混亂。思維不會一開始就呈現出完美的樣子，但經過思維工具的強制引導，思維會在動態變化中越變越清晰。

是的，原本不清晰的思維會被思維工具引導得越來越清晰，你只需要遵守六頂思考帽這個思維工具的使用原則：

凡重大決策，每種帽子都需上場，不要有遺漏；

每當場面變得混亂的時候，藍色帽子代表的全局掌控就可以出場；

每當思維進行不下去、缺乏論據和材料的時候，白色帽子就該出場；

紅色帽子可以經常出場，注意對比它的前後變化來判斷事情發展得是否順利；

……

更多個性化的使用技巧，有待你的實踐與摸索。

本章結語

換位思維的練習，既是練腦也是練心

隨著服務業的快速發展，換位思維正成為深度思維能力中一個越來越重要的分支，它反映了思維視角積累的多樣性和選擇的靈活性。對於這種思維方法，我們大部分人的起點很低，畢竟學校不教，就連社會培訓都很少，也沒有太好的參考資料可用，這種方法本身看起來也很玄乎。

但換位思維的技巧依然有跡可循，通過建立共同認知、切換視角，我們依然可以努力鍛鍊自己的換位思維能力。在此過程中，我們還需要不斷克服自我中心的慣性，逼迫自己成為（一定程度上）具有「無我」境界的「大師」，因此，換位思維的練習，既是練腦也是練心。通過一種巧妙的方式，換位思維還能延伸出六頂思考帽以及更多的思維技巧。

換位思維有一個非常龐大的技術體系，但由於我需要在區區十幾萬字中介紹高達九種重要的思維方法（每章一種），所以每一章的篇幅都不得不壓縮。因此，本章對換位思維的介紹僅限於一些基本的原理。換位思維與生態思維相關的部分還被分散到「生態思維」的章節中。希望讀者閱讀時能將這些分散的部分聯繫起來，並結合生活實踐進行思考。

第三章　視覺化思維

——看得見的思維，才是好思維

由於大腦「記憶體小」的弱點，我們需要圖像來輔助才能達到深度思維的效果。圖像的加入讓我們的思維變得視覺化，思考更加直觀、宏觀與快速，猶如低配電腦新加了一個記憶體。

第一節　不可不知的大腦原理

損害思考效率，大腦的最大弱點在哪裡

對各種思維方法研究得久了，我常常心生感嘆：人類的大腦真是太奇特了。大腦是一個極端複雜而奇妙的東西，很多人——科學家、詩人等——都讚美過它的奧妙。可是我的感嘆並不是讚美，而是悲歎，是可惜。人的大腦雖然精妙，但卻有一個地方設計得太不合理了，有巨大的缺陷。

大腦的弱點

讓我們以電腦來做個比喻。雖然最近幾十年的醫學和腦科學發現人腦和電腦的運作有滿大的差別，但是在一些基礎的功能模組上依然有很強的參照性。

我們都知道，電腦性能好不好受到幾個核心元件的影響：CPU、記憶體、顯示卡、硬碟等。那麼，請看看下面這台電腦的配備情況，你覺得它的性能好嗎？

某電腦配備：

CPU：i7-7920HQ（3.1G主頻）

記憶體：8K

硬碟：1G

……

如果你對電腦的硬體較為熟悉，會立刻反應過來，這種配備是非常奇特的，總體性能很差，不可能有正常人按照這樣的方式去配備電腦。如果你對電腦硬體不熟悉，不知道上面的資訊表示的是什麼也沒關係，我可以略作解釋：CPU、硬碟等元件都是最近一兩年的高端機配備，而記憶體則是二十世紀五〇年代電腦剛研發出來時的水準。

在上述的配備中，儘管CPU和硬碟的性能都很好，但是記憶體作為電腦的核心元件之一，其性能的低下將會拖累其他優質元件，讓它們的效能無法體現出來。我們認為，上述配備方法是非常不合理的。

很不幸的，如果把人的大腦比喻成一台電腦，那麼它的配備差不多就是上面案例中的情況。大腦的反應速度、記憶能力都還不錯，但是記憶體卻非常低下！記憶體低的一個表現是人類的短期記憶能力，我們都知道它有多麼糟糕，一個普通的十位數手機號碼很多人都無法迅速記下來，要重複多次才行。對於稍微複雜一點的訊息，只能暫時儲存四個左右。

用短期記憶來定義人腦的記憶體尚不精確，更精確的定義是工作記憶。工作記憶指的是，大腦在思考的過程中暫時性儲存部分訊息的能力。比如你計算一題較為複雜的數學題目，不可能一次就心算完成，需要打草稿、在計算紙上記錄中間過程的數據，這張計算紙的大小就相當於大腦記憶體和工作記憶寬度。

如果題目比較複雜，一張計算紙已經寫滿草稿，但是題目才算一半，那會發生什麼？很悲劇，你就無法計算下去了，除非再拿一張額外的計算紙。但是大腦並不是計算紙，想要多少有多少，最常見的情況是，大腦就是被卡住了，這件事做不下去了。你可以想像那種悲哀的心情：這道題目我真的會做，但是我沒有計算紙！

人類的大腦就時常面臨這樣的窘境，由於人的工作記憶空間非常狹小，很多複雜事物都無法處理，大概就像下頁圖六描述的那樣。

比如某道數學題，已知條件 A、B、C，要求結論 G，其推理的路徑為 A 推論出 D，B 推論出 E，C 推論出 F，然後 D、E、F 三個條件推論出 G。

題目：將A的年齡數字位置對調，就是B的年齡；C的年齡的2倍是A與B兩個年齡的差數；而B的年齡是C的10倍。求A、B、C三人的年齡。

這道邏輯推理題並不算太難，我知道它難不住你這個聰明的傢伙。但是你能夠使用的計算紙就是這塊小黑板剩下的空白。

圖六

當你從A推導出D，從B推導出E的時候，你必須暫時把D、E兩個中間條件記下來，然後再去用C推導出F，這樣才能同時使用D、E、F三個條件推導出最終結論G。如果你沒有暫時記住D和E，後續的計算就無法進行了，這就是工作記憶對我們的限制。工作記憶較強的人，能夠暫時記住D、E以待未來使用，而工作記憶較弱的人，則記不住D、E，並導致最終無法做出這道題。

「兩分鐘之前，我已經從

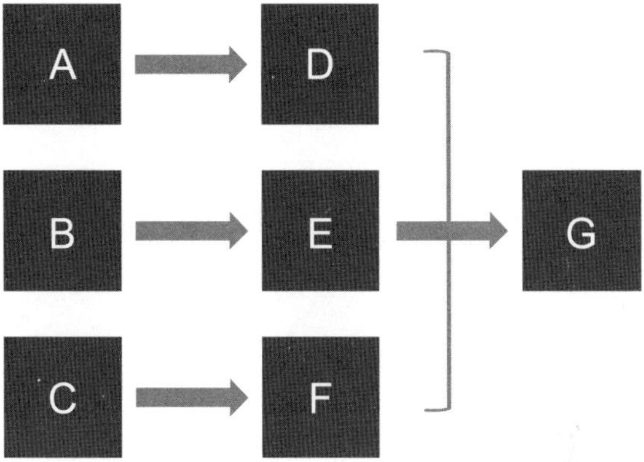

圖七

條件A推導出結論D了，嗯，現在又從B推導出了E。啊，又多了一個中間結論。那麼D、E和C是什麼關係？」

思考了三分鐘之後……

「啊，原來C可以推論出F，現在又怎樣呢？等一下，D是什麼東西？E又是哪來的？怎麼感覺思路亂七八糟的？唉，煩死了，從頭開始再算一次吧。」

工作記憶能力較弱的人會遺忘之前的臨時訊息，無法順利解決這道題目。

上面題目相對簡單，只有D、E、F三個臨時訊息需要儲存，更複雜的問題和任務，往往有更多訊息需要儲存。根據目前的心理學研究，一般人的工作記憶上限是三四個訊息單位，表示你頂多暫時儲存三四個訊息，再多就記不住了。可是日常生活和工作中的問題往往非常複雜，遠超過三四個訊息單位。公司總經理要做一個商業決策，需要同時考慮現金流、庫存數量、商品品質、人員成本、能力匹配、時間成本、發展前景等多個要素；高中生做一題略有難度的數學題目，往往有六到八個條件，壓軸題可能會更多；畢業生決定找什麼樣的工作，也要同時考慮薪資、工作地點、加班頻率、福利保障、業界發展、內部成長空間、文化氛圍、能力匹配、喜好等多個問題……

總之，我們日常需要處理的問題，其複雜程度經常遠遠超出我們的工作記憶能力範圍，該怎麼辦？

電腦記憶體不夠，我們可以把電腦拆開，然後加裝個記憶體；大腦的記憶體不夠用，我們沒法把大腦打開，但我們可以加一個外部快取：視覺化思維方法。

什麼是視覺化思維

視覺化思維是指，將各種訊息（包括任務的原始訊息、你推演出的臨時訊息、你大腦中已有的訊息）以看得見的形式集中儲存在某個平面上：紙張、黑板、電腦螢幕等，儲存的訊息往往是文字和圖形的混合體。

當大腦的硬體不足以支撐複雜的思考時，我們要用軟體——思維方法來補充。既然內部

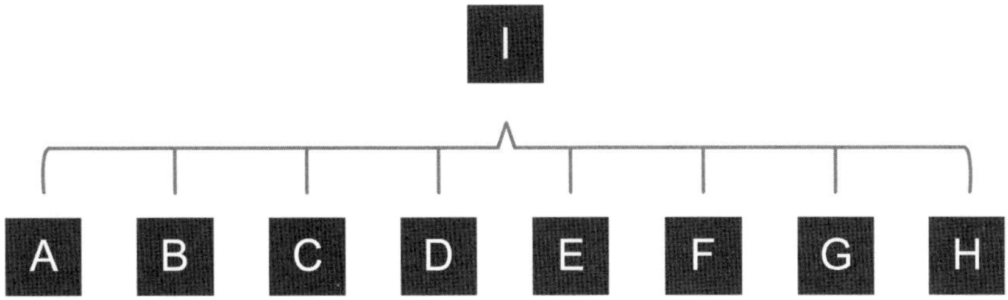

圖八

的工作記憶不夠用，就用外部的補充來替代。視覺化思維方法能給我們帶來兩個基本的好處。

第一個好處，自然是更大、更穩定的外部快取。大腦自帶的記憶體只能儲存三四個單位的訊息，而你在計算紙儲存的訊息則可以大幅擴展，十個八個不在話下，還可以更多。同時，外部儲存的訊息也更加穩定。大腦內部的臨時記憶，不僅時有遺忘，而且容易發生錯誤記憶，比如把A大於B記成A小於B，然後讓後面的推理過程全部錯亂。而紙上寫下的數字和圖形既不會遺忘也不會發生錯誤。

第二個好處是，視覺化思維能帶給我們更全面、更宏觀的視角。假設有一個很寬廣的問題，需要從A、B、C、D、E、F、G、H這八個條件推論出結論I，這八個條件已經遠遠超出我們工作記憶的極限，你還沒有理解條件E，前面的條件A、B、C、D就已經忘記了，理論上無法完成這個任務。但將八個條件以及它們與I的關係用一張圖的形式表現出來，一眼看過去，所有條件與內在關係同時進入你的視野，就會有一種更宏觀、更全面的感覺，就更容易完成任務了。

視覺化思維工具的數量可以說是無窮無盡的，因為每個人都可以開拓自己的視覺化思維工具，只要符合人腦的思維規律，能夠提供外部快取、促進全面思考就可以。

不過，也有一些典型、被公認比較好用的視覺化思維工具可以直接推薦給大家。在本章後續幾節中我們將瞭解到這些工具的具體使用方式。

第二節　矩陣分析法

視覺化思維的典型，多維度分析的利器

世界上有很多的視覺化思維工具，其中有一部分靈巧易用，傳播廣泛。你是否見過、聽說過下面這些視覺化思維工具？

精彩的矩陣分析工具

艾森豪矩陣

手邊有許多工作，應該先做哪些、後做哪些？一般人沒有什麼規劃，隨機選擇，或者哪個工作已經火燒眉毛就趕緊處理哪個。

美國前任總統艾森豪創造了一個時間管理理念，他認為事情應該按照是否緊急、是否重

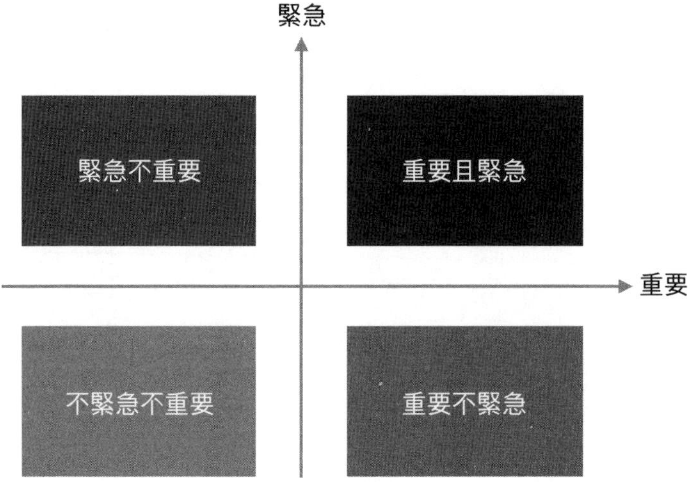

圖九

要兩個方向分為四大類：重要且緊急、重要不緊急、緊急不重要、不緊急不重要。

重要且緊急的事情當然需要優先去做。但艾森豪認為，重要事情一般不緊急，緊急的事情一般不重要，所以大部分時間應該做那些重要而不緊急的事情，不做那些既不重要又不緊急的事情，並儘量減少緊急而不重要的事情或交由他人去做。把你手頭的所有工作放入圖九的四個象限中，你就知道應該如何分配自己的精力和時間了。

安索夫矩陣

安索夫矩陣是應用最廣泛的戰

略分析工具之一，它由策略管理之父安索夫提出。

安索夫認為，企業發展時，要考慮以下兩個方向的因素：你要生產什麼產品以及你要進入什麼市場。由此分化出四種發展戰略，如下頁圖十：

使用單一產品，進入單一市場，稱為市場滲透；
使用單一產品，進入多個市場，稱為市場開發；
使用多個產品，服務一個市場，稱為產品延伸；
使用多個產品，服務多個市場，稱為多元經營。

安索夫指出，企業發展的合理戰略規劃應該是按如下順序依次進行：

考慮是否能以一個強有力的產品，進入和鞏固一個市場（市場滲透戰略）；
考慮是否能為現有產品開發一些新市場（市場開發戰略）；
考慮是否能為現有市場開發有力的新產品（產品延伸戰略）；
考慮是否能開發新產品，進入新的市場（多元經營戰略）。

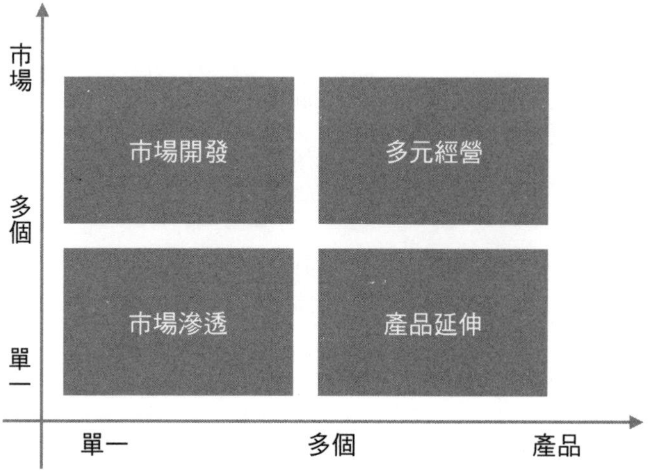

圖十

安索夫認為，正確的戰略規劃應該如下頁圖十一：

其中，多元經營，由於企業的既有專業知識能力可能派不上用場，所以是一個最危險的戰略。**而一個企業常犯的最大錯誤，莫過於不經歷市場開發、產品延伸等環節，甚至沒做好市場滲透，直接就進入多元化。**比如，頂級行銷大師史玉柱的巨人集團，曾經以電腦產品「漢卡」紅遍中國，然而巨人集團跳過產品延伸階段，貿然進入多元經營：開闢了生物醫藥、房地產兩個新的行業，結果轟然倒下。

當然，安索夫矩陣不僅可以用於企業發展戰略分析，也可以用於個人發展路徑規劃，具體內容由於篇幅限

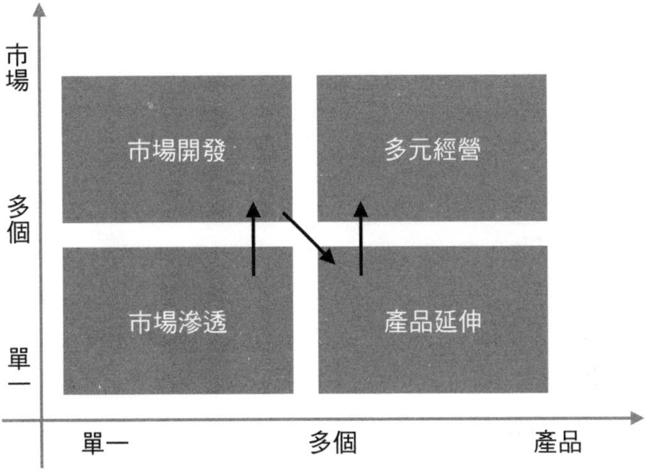

圖十一

制無法展開，大家可以在微信公眾號「人生策略師」中回覆「一百種思維方法」獲取完整的講解。

除去艾森豪矩陣和安索夫矩陣之外，還有波士頓矩陣等多種思維工具。這裡的重點並不是介紹這些思維方法本身，而是提出一個問題，這些思維分析工具，有怎樣的共同點呢？

通過對艾森豪矩陣和安索夫矩陣的大致觀察（你也可以在網路上繼續搜尋波士頓矩陣、SWOT矩陣等更多內容），你很容易看出它們都具有一個外觀上的典型特徵：

它們看上去都是某種矩陣或是坐標系。

矩陣的奧義

為什麼很多思維工具看上去像是某種矩陣或表格？

安索夫矩陣、波士頓矩陣和艾森豪矩陣都是 2×2 的矩陣或表格。豐田公司曾經推出一款艾森豪矩陣的擴展版，從重要／不重要、緊急／不緊急、擴散／不擴散三個方面來考量事情的排序。

如此多的分析工具都使用了矩陣的形態，那麼矩陣形態究竟有什麼了不起的優點？它的奧義是什麼？

矩陣的奧義有兩點。一是它擴展思考的維度，從一維變為二維，因此思維的角度更多，內容更豐富；二是它作為一種視覺化工具，將訊息穩固下來，不會遺忘錯亂。這樣就可以有條不紊地依次思考眾多內容了。

創造自己的矩陣類思維工具

當我們明白視覺化思維與矩陣類思維的原理，就可以自行創造很多的矩陣類思維工具。這些工具簡單易用，可讓你瞬間變身深度思維的高手。

策略師時間矩陣

讓我們再次回到之前提到過的艾森豪矩陣。該矩陣所蘊含的緊急／重要原則雖然有意義，但在這個資訊爆炸、雜亂的訊息流不斷衝擊我們的時代，很多人發現艾森豪矩陣沒那麼好用了。

這裡有兩個原因：第一，事情是否重要，重要到什麼程度，很多時候是模糊的；第二，在雜亂的訊息流帶來的碎片化生活節奏下，拖延症成為我們執行艾森豪矩陣的障礙。即便我們知道什麼事情重要，依然常常會拖著不去做。

這不僅是兩個理論問題，也是我在應用艾森豪矩陣進行時間管理時面臨的兩個實踐問題。為了解決這兩個問題，我開發自己的時間管理矩陣。如同天文學家為自己發現的小行星命名一樣，我以自己的稱號來命名自己開發的時間管理矩陣。由於我自號是一位策略師，不妨就叫策略師時間矩陣吧……

與艾森豪矩陣不同，策略師時間矩陣的指導思想是：**越重要的事情越先做，越簡單的事情越先做。**

把「容易」作為一個重要方向添加進去，正是瞄準了拖延症這個時代新病。

拖延症的成因繁雜，解決方法也很多。但其中不容忽視的有幾點。第一是開始的困難，很多人發現一旦開始真正做事，拖延自然就解決了，但是開始的第一步很難邁出去。第二是

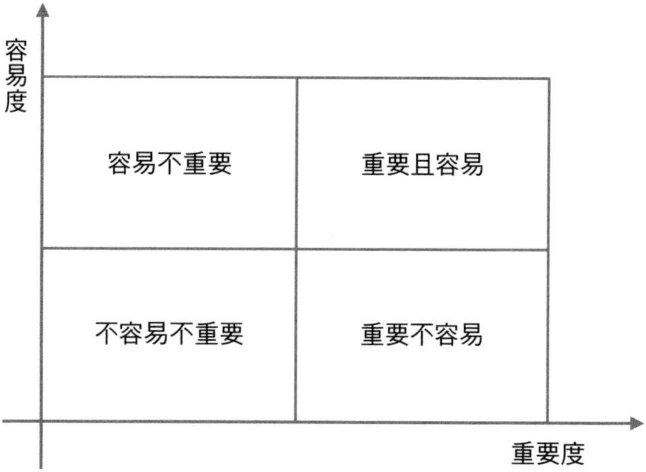

圖十二

畏難，一想到有很難、很麻煩的任務在等著我們，拖延自然就形成了。正如沃爾夫在《專注力》中提到的，拖延的一個原因是錯誤的選項在當下顯得很有吸引力，比正確的選項更有吸引力。一想到下一分鐘需要做的任務非常困難，它就更有可能把你推向拖延。

因此，容易的事情先做，這個應當成為被拖延症困擾的人的重要時間管理原則。有兩個經過大量實踐、被證明有廣泛效果的方法可以看作是這個原則的應用。一個是大衛．艾倫在他著名的《搞定！工作效率大師教你：事情再多照樣做好的搞定5步驟》中提到的兩分鐘原則：如果一件事情可以在兩分鐘內做完，那就立刻去做而不要擱置（一旦擱置起來會讓你堆積的事情越來越多，並更容易形成拖延）。另一個是五分鐘原則，當你感到很難開始做某件事情的時候，你對自己說，我只做五分鐘就好了——一個很容易的工作。在這樣的暗示下，你就比較容易著手去做了。

當然，「容易」這個原則還可以細分。我從兩個方面來衡量容易：**耗時程度，技術難度**。耗時越短的事情越容易，技術難度越低的事情越容易。

接著思考，如何評估是否重要呢？很多時候，我們感覺所有事情都挺重要，這種模糊的感覺並不能幫助我們去安排時間，我們需要更精細的評估方式。我將重要度分為三個方面：**損益程度、影響廣度、擴散度**。

損益程度代表這件事情做了有多大好處；影響廣度代表這件事情能夠影響多少人事物；擴散度代表這件事情後續會造成多少多米諾骨牌式的連帶效應。擴散度一定程度上涵蓋了艾森豪矩陣的緊急度——顯然，緊急的事情沒做，後續就可能產生負面的連帶效應。

總結一下，我們可以按重要／容易原則來進行日常事務的時間安排。如果對於重要和容易兩個方面感到模糊、無法定奪，則輔以損益程度、影響廣度、擴散度來衡量重要度；輔以耗時程度、技術難度來衡量容易度。在特別精細的情況下，甚至還可以用打分制。對每個細分指標進行打分數，然後匯總來進行量化評價和定奪。

第三節　工作儀表板

最複雜的任務也能梳理清楚

我們日常面臨的工作和任務多而複雜，一團雜亂、效率低下已然成了常態。很多年以前我曾經思考過這個問題：

哪些人面臨的工作是最多最複雜？他們是如何解決問題的？

在常年觀察和思考中，我發現，儀表板是一種解決複雜問題的利器！比如企業中高層管理者會用到各種商業儀表板；金融投資者會用到複雜的操盤版面（類似於儀表板）；而汽車、飛機、火車等的駕駛艙裡也有相應的儀表板。

一般企業職員的工作相對簡單，不需要用到儀表板，而高層管理就會用到；普通行業的簡單工作不需要用到儀表板，而金融投資這種複雜的工作就會用到——而且版面極為複雜；

交通工具中，自行車這樣的簡單工具不需要用到儀表板，而相對複雜的汽車就會用到，特別複雜的火車、飛機更是有大範圍的應用。

顯然，儀表板是為解決複雜問題而設計製造。雖然生活中我們都見過各類儀表板，不過能夠使用它們的還是少數人。但在這個焦躁的時代，很多普通人的工作也變得無比複雜忙亂，為什麼我們不試著用一下儀表板這個工具呢？

一個疑問是，該如何應用呢？那些做專案策劃或者後勤工作的人，既不操盤投資，也不駕駛汽車，又如何用得上儀表板呢？顯然，我們需要對一般的儀表板進行改裝，讓它從駕駛員和操盤手的專項工具，變成每個人都能用的工作儀表板。

儀表板的運作原理

我們首先要明白，為什麼儀表板能夠幫助人們處理複雜的問題。以開車為例，司機在開車的過程中需要注意很多事情，他要注意路面情況、前方與兩側的行人、後面是否有超車、前面是否是紅燈等等。這些外部的情況已經很複雜了，但是司機還需要進一步注意汽車本身的狀態：

車速是多少？還剩多少油？水溫有沒有過高？電瓶裡還有沒有電？剛才進隧道開的車燈後來關了沒有？制動系統是否正常？排氣溫度是否過高？……

總之，司機需要注意的事情實在是太多了。如果你問一名司機，白天開車出隧道以後要不要關燈？排氣溫度過高該怎麼辦？一名合格的司機當然知道這些問題的答案。但當司機忙著去觀察路邊的行人和對面駛來的汽車時，他根本就不會想起來要問自己這些問題：我的汽車排氣溫度是否過高？制動系統是否正常？車燈是開的還是關的？我現在是否超速？……

這就像我們電腦中存了大量的資料一樣，它們都在硬碟裡老實待著，並沒有被電腦加工，沒有進入記憶體。這些關於汽車安全的知識也都在司機的大腦裡待著，但並沒有進入工作記憶。

為了解決這個問題，我們可以把所有這些重要的訊息都彙集到汽車儀表板上。這樣司機就不用時時刻刻問自己一大堆不同的問題，他只需要養成一個習慣——沒事就瞟一下儀表板，看看有沒有什麼問題。由於所有重要訊息都彙集到儀表板上，所以不論哪一個地方出問題，都可以通過看儀表板而得知訊息。

現在我們清楚儀表板的運作原理了。儘管有很多事項我們知道是很重要的，但我們依然無法時時刻刻留意所有重要事項，我們的大腦總是會忽略和遺漏幾個要點。為了讓重要事項

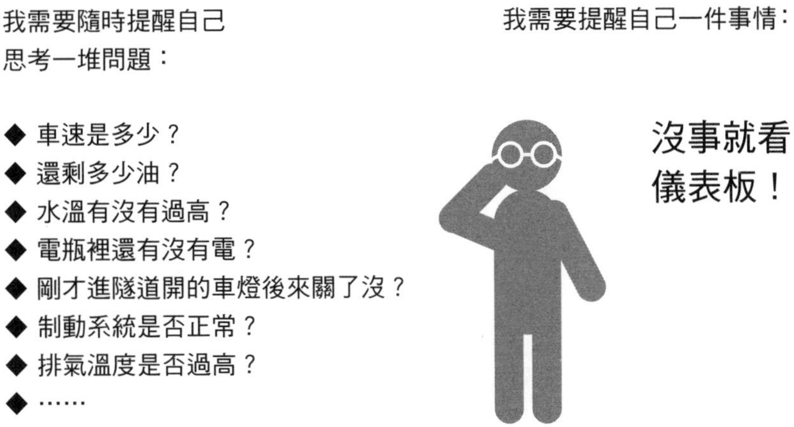
我需要隨時提醒自己
思考一堆問題：
◆ 車速是多少？
◆ 還剩多少油？
◆ 水溫有沒有過高？
◆ 電瓶裡還有沒有電？
◆ 剛才進隧道開的車燈後來關了沒？
◆ 制動系統是否正常？
◆ 排氣溫度是否過高？
◆ ……
我需要提醒自己一件事情：
沒事就看
儀表板！

圖十三

能夠經常出現在我們的工作記憶裡，我們需要一個外部的提醒，這就是儀表板的運作方式。

因此，我們可以根據這個原理來製作自己的工作儀表板，而不僅局限於按照汽車儀表板的形式。只要是符合上述的原理和運作方式，它就是一個大有裨益的工作儀表板。

如何製作自己的工作儀表板

我曾製作過多種工作儀表板，這裡介紹的是我最近在使用的一種。這種工作儀表板的特點是清晰、簡單、易用，能夠幫助我處理日常工作。當然，這絕不是工作儀表板的標準或唯一形式（畢竟我自己就製作了好幾種形式），你的日常應用不必局限於此。但這個儀表板可以作為你在自製儀表板之前的參考，也可以為你理解這款工具提供案例講解。

下頁圖十四就是我常用的某個簡略儀表板，它是我在一處臨時書房裡布置的，比較簡單但具備基本功能的它依然很好用。這是我書桌前的一面牆，我用紅線將這面牆劃分成六個部分，從而構成了一個簡明的儀表板。從左上到右下依次標記為一到六號區域。每個區域根據其不同的作用設定貼上各種便箋紙。

一號區域

一號區域為寫書工作區（沒錯，就是這本書）。任何時候我想到了跟這本書寫作有關的某個想法，我都立刻把這個想法寫在便箋紙上，然後貼在一號區域。如果我不寫下來，或者決定過一段時間再寫下來，實際上幾分鐘甚至幾秒鐘之後它就溜走了，我便損失了一個寶貴的靈感。

如果我中斷手頭上的工作，去翻找出某個固定的筆記本或者軟體，光是尋找工具的過程就要一兩分鐘了，這會嚴重打斷我當前的工作節奏。而寫一個簡單的便箋紙貼在牆上則只需要幾十秒鐘，然後就可以順利切換回之前的工作，保持節奏連貫。

圖十四

二號區域

二號區域是我正在進行的思維方法與學習策略研究的各項內容。

這個區域的主要作用是對我進行全面提醒。當我面對某個問題不知道從哪裡下手時，我需要全面地考慮我的某項研究是否有助於此問題的解決，也許我是有辦法解決該問題，但是這個解決方案暫時沒有出現在我的工作記憶中。這種情況下我就可以從二號區域得到提示。

三號區域

三號區域比較特殊，有一張圖一張表。圖為新版《三國》電視劇中司馬懿的圖像，表則是死亡日曆表。它們的作用是什麼？關於司馬懿圖像的意義我會在本書最後一章的最後一節詳細解釋，它是我人生故事中的重要一筆。死亡日曆則用來提醒自己生命的寶貴。將一生中的所有時間都畫成一張表，表有兩部分，上半部分表示年，下半部分表示月和日。塗黑的部分表示已經過去的時間，空白的格子代表剩餘的生命。

每天晚上睡覺前都用鉛筆塗黑一個格子，親手抹掉自己生命的一小塊，然後意識到，自己離死亡又近了一天。在每日刪除自己生命的過程中，你時常會感到生命的短暫和寶貴。那些虛度的時光、浪費過的生命都成為沉重的回憶。你會忍不住產生一種感覺，一定要讓生命活出某種意義，否則人生將成為無意義的機械過程，一格一格地推進到生命的終點。

你望著不斷變黑的生命進度條，巨大的虛無和恐慌會強烈地推動著你對生命進行回顧和反思。你會感到，所有拚搏奮鬥的艱辛、吃喝玩樂的歡愉都顯得無比蒼白，遠遠比不上虛度生命的痛苦。

我必須做點什麼，必須活得有意義。

因為每一天，我都在死亡。

關於死亡計時表的詳細製作和應用方法、以及與這種工具對應的人生觀，可在微信公眾號「人生策略師」中回覆關鍵字「死亡日曆」查看。

四號區域

四號區域為知識雜貨區。

當我上網、看書或工作的時候，偶然看到別人介紹一本書、一個新的概念或者小知識，我對這個新的知識感到有興趣，但如果我立刻中斷手頭的工作去查閱這個新概念或去網上買這本書，那麼我的工作節奏就會被打斷，效率會降低。所以我選擇將這些知識雜貨迅速寫在便箋紙上並貼到相應的區域，然後再回到手頭的工作中。等到空閒的時候我才會去訂購相關書籍、或去查閱資料。

五號區域

五號區域是雜事區。

我正在工作，突然想到中午之前應該給某個人回封郵件，並且在同一時刻，我覺得桌面有點亂，缺乏一個放資料的文件架，覺得該上淘寶去買一個。但如同知識雜貨一樣，如果我立刻就去做這些事情，我的工作思路就被打斷了。所以我將它們寫在便箋紙上，然後等空閒的時候去集中處理，提高效率。

六號區域

六號區域是思維提示區。

我的一個日常工作是寫文章，而我寫文章時有一個弱點：我習慣把文章寫成像說明文、論文一樣，缺乏生動性。所以我在六號區域貼上一個提示：故事＋邏輯。這個便箋可以提醒我寫文章時要注意生動性。

再比如，我們思考問題的時候會有一個低效的思維習慣：這件事情應該怎麼辦呢？這句話作為一個問題是有意義，但作為一種思維方式是低效的。更高效的思維方式應該是定向嘗試，不是「這件事情該怎麼辦呢」，而是「這件事情這樣辦行不行，那樣做行不行」。所以，為了提醒自己改正低效的思維方式，我貼上一個便箋在六號區域。

總之，六號區域貼滿各種我常常需要用到的思維和技能提示便箋，我在工作中不時看看六號區域，就能得到及時的提示。

工作儀表板的意義

我們之前已經從工作記憶原理的角度瞭解儀表板的一般作用，那麼對於我製作的特定工作儀表板的版面，又有哪些具體的作用呢？它看起來非常簡單，似乎只是在一面牆貼滿了不同的便箋紙條。

簡單來說，這個版面的工作儀表板能夠管理碎片靈感、提高工作效率，並提高工作時的思維水準。

碎片靈感的管理

碎片靈感是我們臨時迸發出各種有價值的想法，我把它們放在一號區域（偶爾也放在五號區域）。這種做法自然是有價值的，因為寶貴的靈感產生於工作記憶中，很快將要消失掉，需要我們儘快快保留下來。

不過問題在於，為什麼不專門找個本子或是記事軟體記錄？

答案與工作記憶有關。

假設我們在做一個企劃，突然想到某個優秀的推廣方案，但是這個方案在當前的專案中不能使用，而是有可能在未來的其他專案中使用。此時，你還在繼續構思當前的專案，並且累積了很多靈感和想法，這些想法儲存在你的工作記憶裡，如果你繼續加工它們或許能夠很快產生某些結果。如果你中斷工作，大概兩三分鐘以後這些工作記憶就消失了，因為工作記憶存留的時間非常短。

所以，當你決定把那個與當前工作不相關的方案寫下來的時候，你一定要快，儘快完成然後儘快回到之前的工作中，以確保那些訊息在大腦裡還有印象。否則你就需要重新溫習那些訊息，重新調動訊息到大腦的記憶體裡，這就損失了效率。

顯然，隨手寫一張便箋紙是最快的，比你去找筆記本或打開某個軟體更快。你所有的想法，不論是一號區域的工作靈感、還是四號五號區域的雜事，都只用一本便箋紙就能處理，而如果使用軟體或筆記本，就需要分門別類很多個，管理這堆軟體和筆記本就形成了額外的負擔，占據你的工作記憶空間。你需要思考：這件事情該使用哪個軟體？軟體在哪個硬碟裡？該打什麼標籤？……這些新的、需要思考的問題占據了你的工作記憶，並把之前工作的訊息擠出去。

所以用工作儀表板搭配便箋紙的方式，能夠最快、最簡潔地存留你的靈感，並且不損失工作效率。

提高工作效率

除去上面描述的機制以外，工作儀表板還能繼續以其他機制提高工作效率。

影響我們工作效率的一個重要因素是蔡格尼克效應。蔡格尼克效應是指，**我們的大腦對於未完成的事情有更深刻的印象，會自動提醒我們這件事情未完成**。這個心理效應原本是好的——大腦有自動提醒功能難道不好嗎？

可是，在日常工作當中，這個效應給我們造成很多麻煩。你從九點鐘開始工作，假設工作是要規劃一個活動的流程。九點十分，你突然想到昨天家裡停水，今天應該在網路上交水費，否則今天回家就沒法洗澡；九點十五分，你又閃出一個念頭，該買雙新運動鞋，上週打球的時候運動鞋破了；九點二十七分，你突然想起來，今天要給某個客戶發一份報告；九點四十分，你想起某位同事曾經做過類似的活動，你在做完自己的活動規劃以後，可以找他交換一下意見……

這就是大腦中的想法，看起來有點亂。但其實，這是我們每個人的常態（實際情況只會更嚴重，相信我，四十分鐘產生四個額外的想法已經算很少了）。僅僅四十分鐘過後，我們大腦中就累積四件未完成的事。這時，蔡格尼克效應就開始發揮作用，對於這些未完成的事情，大腦會自動提醒你它們還未完成：

這次活動邀請哪幾個大咖呢？至少要四個人才能撐起場面，唉，昨天沒洗澡，今天一定得交水費——等一下，水費的事情等下再說，先想想邀請哪幾個嘉賓。可以邀請李大哥，他是精力管理專家，對了，我也經常運動，那個運動鞋還沒買呢，不買的話這週就沒法打球——等一下！先把嘉賓的問題解決。剛才想到哪兒了？唉，怎麼想問題效率這麼低啊……

哦對，李大哥，找嘉賓，還差三個人。劉專家也可以，GTD領域的權威，讓他講講如何提升工作效率，大家都能用上……上次的客戶報告還沒發呢，要不要現在發？那個報告——唉，不行，怎麼又開小差了？先把嘉賓問題思考完再去管報告！好煩啊，我怎麼這麼不專心？怎麼集中注意力這麼難啊？說到注意力，我剛才想到哪兒？……

在這樣的思考狀態下，你的工作效率多麼低是可想而知。關鍵在於，這是不可避免的。無論你怎樣強制自己更加專心都沒用，因為你的主觀意願比不過大腦的本能：蔡格尼克效應。大腦就是會強制地想起這些未完成的事，讓這些訊息強行進入你的工作記憶當中，打斷你正在進行的事務。

那麼，如何破解這個可惡的蔡格尼克效應呢？難道一定要放下手頭的事情，去把未完成的任務完成掉嗎？可那樣不也會打亂工作節奏、降低工作效率嗎？

幸好，心理學研究發現，還有其他方式能破解蔡格尼克效應：制訂一個計畫。當你制訂計畫要去做這件事情的時候，這件事情的蔡格尼克效應就消失了。即，大腦不會再瘋狂地提醒你這件事情未完成，不會再用這件事去打斷你正在做的工作。

你的大腦終於安靜了，你終於可以專心工作。

所以，你在便箋紙上寫：中午吃飯之前給客戶發報告，吃飯之後上網交水費並到網路上買運動鞋，下午下班之前找同事做活動參考。然後，你把便箋紙貼在五號區域。這樣，你只做了一個未完成事項的計畫，並貼在非常顯眼的地方。於是你可以安心地繼續去做活動規劃，大腦不會再分神了。

提高工作時的思維水準

六號區域貼滿各種思維方式的提示，它們能夠提高你工作時的思維水準，由此帶來工作品質的提升。

比如之前提到，我在六號區域裡貼了一個便箋條：故事＋邏輯。我知道寫文章不能太乾癟、太理論化，說明書一樣的東西誰會願意讀呢？如果你問我，文章是只講理論不講故事案例好，還是理論與故事結合起來好，我會毫不猶豫地回答，當然是理論與故事結合起來更好。

由此就產生了一個問題：既然我已經知道這個知識點，為什麼還要把它貼出來？

答案依然在於工作記憶。

依然是將大腦與電腦做類比。寫文章要理論與案例相結合，這個知識點儲存於硬碟當中，CPU與記憶體在此刻並沒有處理加工這條訊息。我雖然知道這一點，但尚未形成本能，我在寫文章的時候，這個知識點不會自然地進入我的工作記憶，所以我需要一張便箋來提醒我。讓大腦在我寫文章時恰好記起這個知識點並自我提醒，這太難了；在我寫文章的時候順便瞟一眼六號區域，然後看見這個便箋紙並想起來要加一些故事案例，這樣就簡單得多，並且早就養成習慣了。

那些你經常使用到的思維技能、工作原則，都可以放在六號區域。一個初入職的行銷人員還不熟悉如何給行銷文案取標題，他可以把取標題的幾個重要原則放在六號區域；新上任的產品設計師對產品的交互流程尚不熟悉，而這又影響到諸多功能的設計，他可以把交互流程貼在六號區域；一名職場老手決定練習一種新的思維技能，比如說結構化思維，他可以把結構化思維的要點和圖示貼在六號區域。這些新的技能由於你不熟悉，尚無法在關鍵時刻自動進入大腦記憶體當中，就把它們放在外部快取吧。

上述工作儀表板，重要的不是套用其固定的版式，而是理解它運作的原理。我將版面劃分成六個方形，你可以是四個、五個或八個方形，也可以做成圓環形或者其他形狀。只要符合視覺化思維的原理，工作儀表板就能幫助你提高工作效率。

本章結語

以視覺化思維的高效，對抗龐雜的資訊流

資訊龐雜的時候，我們的思維會變得混亂、浮淺，難以駕馭手頭的工作，不僅做事情的效率變低，而且容易引發拖延問題和煩躁的情緒。這個時候，我們需要視覺化思維工具來調整龐雜資訊流下的思維狀態，拒絕浮淺思考，追求深度思維。

總的來說，視覺化思維的核心在於原理而不是形態，只要懂得原理就能自行開發工具，並且千變萬化。我創造了各類矩陣（如策略師時間矩陣等），以及工作儀表板、學科儀表板、檢覈表等多種視覺化工具，也有人在上過我的視覺化思維課程後，自行研發一些很好用的個性化視覺化思維工具。

此外，第六章系統思維所對應的系統動力圖，也是很重要的視覺化思維工具。熟練掌握這些工具能夠大大地提升你的工作效率和分析問題的能力，你創作新的視覺化工具也會更加得心應手。

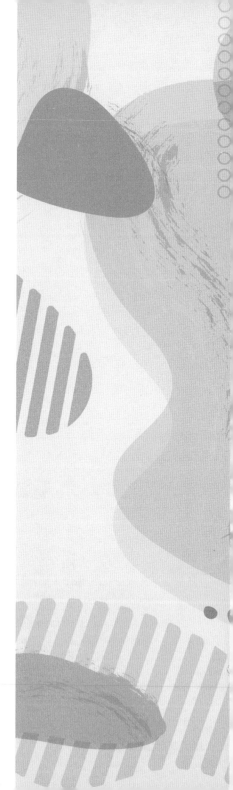

第四章　流程思維

——真實世界的高手是怎樣練成的

偉大的成就不是因為有某種祕笈，而是來源於對流程的掌控和優化。你需要識別流程的結構、類型，並學會全流程優化的方法，這才是在真實世界裡成長為高手的方法。

第一節　祕笈型思維的謬誤

對於優秀，你是否存在誤解

當代中國人的文化裡，有一個對於優秀和成功的認知謬誤，我稱之為祕笈型認知。如何變得優秀？如何能夠成功？如何能夠取得比普通人好十倍的成就？你需要——且主要是依靠——某種祕笈。

我這一代長大的人，深受金庸和各類武俠小說的影響。這種影響深入骨髓，不經意間就塑造了部分人的世界觀和人生觀。在金庸的小說中，經常有這種情節：一個人掉進山洞、懸崖、湖底等地方，偶然撿到一本祕笈，學會以後，突然就輕鬆變成王者，大殺四方。

比如小說《天龍八部》中，男主角段譽被人追殺時慌不擇路，一不小心掉進一個湖底山洞裡，撿到北冥神功和凌波微步的祕笈（還順帶吃了兩隻奇毒無比的小動物，此後便百毒不侵），於是就從不懂武功變成天下一等一的高手。比如《神雕俠侶》中的楊過，莫名其妙遇到西毒歐陽鋒傳授他武功祕笈，功力猛漲一節；又莫名其妙遇到一隻神雕傳授他武功祕笈，功力又漲了一節，最終漲啊漲的就成為武林傳奇。

類似例子還有很多，大家自行腦補。總之就是要想成為超級牛人，你得有某種祕笈。後來我又發現，其實這種祕笈型的思維不是我這代人的特性，而是一種跨時代的通性，新生代的九〇後、〇〇後也一樣。不過在他們這裡，可能不是金庸的武俠，而是修仙玄幻穿越等。比如得到一本修仙祕笈，然後輕鬆打遍三界、超脫五行。

甚至外國人也流行這些東西。比如好萊塢的英雄電影諸如蜘蛛俠、綠巨人等也是類似的祕笈型套路，無非我們的祕笈是一本書，他們的祕笈是蜘蛛和輻射變異。

由這些現象可以提出兩個問題：

第一，這種祕笈型思維究竟是僅僅停留在娛樂文化上，還是作為一種隱形的價值觀已經深入人們的日常生活工作當中了呢？如果僅僅是娛樂幻想倒也無所謂，但如果連嚴肅的工作、生活和人生成長都受此影響，那就需要嚴肅對待了。

第二，祕笈型思維的危險在哪裡？如果說祕笈型思維是一種對真實世界的曲解，是一種謬誤，那麼什麼東西才是正確的呢？

我們先來回答第一個問題。

顯然，這種祕笈型思維不僅停留在小說和電影中，它已經完全深入到我們學習工作生活的方方面面，成為一種廣泛的價值觀。

比如學習。很多年以前我們讀書的時候，我們這些學生，包括我自己，就有強烈的祕笈型思維。我們會想，某個同學成績好肯定是因為有個不為人知的祕笈，也許是一本很神奇的輔導書，又或許是找了哪位神祕老師補課。於是我們會挖空心思去探密，想要知道這名同學究竟用了什麼祕笈。甚至我自己有一段時間成績進步很大，我也覺得自己是受益於某個學習祕笈，而對自己上課認真聽講、課後勤奮做練習等因素視而不見！祕笈思維占據了當年的我對於學習這件事情的絕大部分認知。

而在最近幾年這種狀態也沒有改變。經常有中學生和大學生在網路上找我，向我求教某種祕笈（常常是思維導圖之類的東西）：

「老師，請問思維導圖究竟該怎麼用於數學學習？我有個同學是年級前幾名，他就是用思維導圖學習的！」

「老師，我的寫作能力一直非常差，最近我才知道，寫作的真正核心是批判性思維能力！只有擁有了批判性思維才能寫出好的文章！可是我該怎麼掌握批判性思維呢？」

「老師，看了你的文章我終於知道學習的終極奧義了，原來是要做精力管理啊！這才是一切學習的根基！」（其實我只是說精力管理很重要，但他卻理解成了「終極奧義」）

……

再比如工作與職場晉升。老一輩的人非常信奉一種人生祕笈：拉關係。他們認為人要想在職場裡混得好，就一定要有拉關係的能力，這就是最重要的職場能力。如果他們看見一個人開公司，業務繁榮，年入千萬，他們就教育自己的子女：「你看，那個人多會拉關係，結果開公司發了大財。」並且還會舉出證據，那個老闆和市裡的某某長官認識，經常請長官吃飯。而該老闆的專業知識、管理能力、原始資本，以及行業、時代的發展趨勢等諸多因素，都被他們一律忽視。在這裡，老人們的祕笈是「拉關係」。

年輕人即便不認同這種「拉關係」的理念，也不要著急笑話老傢伙們，因為你們的祕笈型思維未必就消失了，只不過換了個表現形式而已。比如前幾年特別流行「情商高」、「會說話」等新生代祕笈，諸多職場網紅、人生導師紛紛強調說話有多麼重要、情商高的人有多麼混得開，一路吹捧到「只有情商高的人才能成功」、「會說話的才是真正職場高手」等地步，而諸多粉絲也不明就裡地為他們的觀念掏錢買單。在這裡，祕笈變成了「情商」與「會說話」。

總結一下，祕笈型思維的謬誤，似乎從未遠離人群。

接著就是第二個問題：祕笈型思維的危險在哪裡？

祕笈型思維的本質，是把複雜的東西過於簡單化，企圖用一個相對簡單的祕笈去代替複雜的成功規律。我們不難看出祕笈型思維是錯誤的，可是人類的錯誤觀念比比皆是，為什麼要把祕笈型思維單獨提出來說呢？它和其他的錯誤觀念相比有什麼特殊之處嗎？

還真有！祕笈型思維最可怕的地方就是，它有一部分是正確的。這就像詐騙一樣，一看就離譜的東西很容易被識破，半真半假的東西才最具有欺騙性。

有時候，一些特定的方法真的是太管用，一定時間內確實可以「一招鮮吃遍天」，讓人短時間內感到無比興奮，但從長期來看，這種對單一方法的依賴會讓人不再成長。

會拉關係有用嗎？有用，真的有用，情商高、會說話也是一樣，確實有用。所以當家長、前輩、導師們宣稱這些祕笈萬能的時候，很多人真的容易相信，因為能夠舉出太多的例子來證明這些東西多麼有用。一個原本只是有一定作用的東西，被放大成萬能的、唯一的，於是你把全部的希望都押在一個東西上，繼而放棄了對其他事物的觀察和學習，最終無可避免地走向失敗，這就是祕笈型思維的危險。

從這個意義上說，擁有祕笈型思維的人就像那些把一生希望放在彩券中獎上的人一樣，儘管每週都有幾個幸運兒捧回千萬大獎，更多人還是荒廢了時光，走向悲慘的命運結局。

甚至還可以拓展一步，如果一個東西原本只有一分用處，而你卻誤以為它有三分用處，其實也是某種祕笈型思維。多估了它兩分作用，你就多投入了兩分無用的精力，也就多荒廢兩分時間。

既然祕笈型思維是不好的，那麼作為對比，什麼才是好的呢？在第二節中，我將給大家帶來一個重要的理念——全流程優化。

這是個基於流程思維的新理念。如果說，祕笈思維是高估了某個方法的作用，那麼全流程優化就是一個典型被人低估的方法。它是思維方法領域的價值窪地，是等待著被思維方法領域的巴菲特們挖掘和持有的無價之寶。

第二節　全流程優化

在平凡中創造奇蹟的方法

先簡單直接說明全流程優化的定義：

一件複雜的事情往往由多個流程、步驟組成，把每一個流程、步驟都進行優化，做到（接近）最好，就叫全流程優化。

從上面的定義似乎看不出什麼蹊蹺，因為它太普通了，不就是說做事情要盡力做好嗎？這不是常識嗎？這樣說來，全流程優化的理念又有什麼了不起的呢？

是的，全流程優化的理念看起來很平凡，但它最大的特點，就是能在平凡中創造奇蹟。讓我們借助一個具體的案例來看看全流程優化的威力。

什麼是全流程優化

隨著近幾年互聯網的全面鋪開，越來越多的商品開始在網上銷售。一種常見的銷售商品的方式如下：

賣家先在微信公眾號上發布一篇置入性行銷廣告，廣告中穿插商品訊息。讀者看到微信文章後點擊閱讀，如果在閱讀過程中對商品產生初步興趣，就點擊一個連結進入賣家店鋪。然後讀者瀏覽店鋪或者商品介紹文案，思考是否感興趣。如果產生了購買的興趣，就點擊購買連結進入付款介面，進行金錢支付。

如果你是一個深度互聯網用戶，我相信你對這樣的商品銷售模式早就見怪不怪。不過絕大多數人只作為顧客光顧過這樣的電商，卻未必以賣家的身分經營過商鋪。現在我請大家轉換到賣家身分去思考，如何才能賣出更多的商品？

如何賣出更多商品，這是一個古老的問題了。其實電子商務和傳統商務都不過是在賣商品而已，沒有本質區別，只有形式不同。那麼你該如何賣出更多的商品呢？

有人說，一定要物美價廉，商品品質好才是真的好；有人講，只有優質的服務才能帶來優質的商業，你把客戶服務好了，客戶才願意幫你介紹其他客戶；有人認為，置入性行銷的業配寫作才是互聯網商業的關鍵，從硬廣告過渡到業配是互聯網行銷的核心技術；也有人感嘆，網路店鋪裝修很重要，甚至不比實體店鋪裝修次要。你看那些銷售得好的電商，其頁面設計、修圖等都非常精美。

上面所有的建議都很有道理，這些因素都很重要。但是如果只給出這些回答，你就不是最優秀的商業經營者，而是對商業有某種祕笈型的誤解。因為**最優秀的商業，一定是從全流程優化的角度出發**。

以全流程優化的理念去經營上述項目，將會如下操作。首先將客戶的注意力流通流程劃分清楚。

第一步，客戶看到公眾號的文章標題，決定是否點擊標題查看正文；

第二步，客戶看到正文內容，決定是否繼續看下去，直到正文後半部分的廣告（在業配中，有關商品的資料往往在文章的後半部分）；

第三步，客戶看到商品廣告，決定是否點擊店鋪或者商品連結；

第四步，客戶看到店鋪或者商品介紹頁面，決定是否點擊進入支付介面；

第五步，客戶進入支付介面，決定是否完成付款；

第六步，客戶收到貨物，決定是否給出好評或者轉發商品介紹。

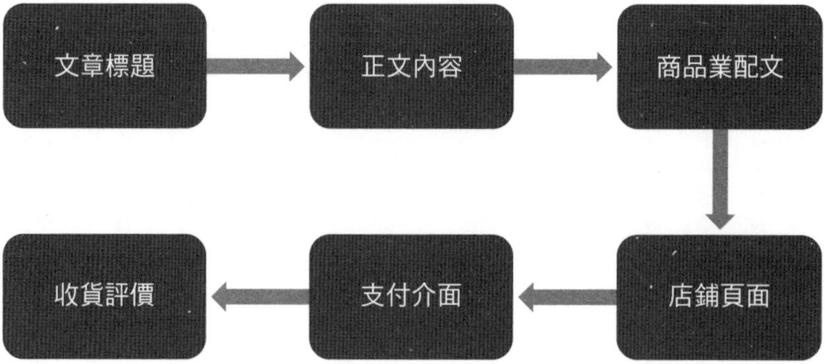

圖十五

也可以用一個流程圖畫出來，如圖十五：

在上述流程中，如果你的第一個流程做好了，標題下得很有吸引力，就會帶來更多的流量進入第二個流程：正文閱讀。如果正文內容前半部分做好了，就會給後半部分的業配帶來更多閱讀。業配如果寫得有吸引力，客戶就會點擊進入你的店鋪頁面，店鋪的整體風格設計、圖片修飾、文案寫作等因素會影響客戶對店鋪和商品的感官，影響購買決定。甚至當客戶決定購買以後，支付介面都還可以做些文章：有些店鋪只支援支付寶購買，不支援微信購買，那麼慣用微信的人就可能會停止付款。再往後，客戶會進行商品評價或轉發介紹，這時候你的客服與商品品質就發揮作用了。

你可以看到，在這個全流程優化模型中，之前提到的那些零散的商業建議全都可以融合進全流程優化的模型之中，而該模型還包括了更多之前沒有想到的東西。

全流程優化具有複利屬性

我們來思考一個問題，在上面六個流程當中，假設你每個流程都比別人做得更努力，都得到了額外三〇％的效果，會怎麼樣呢？

注意這個假設的背景，我們默認你是一個普通人而非一個天才。如果你是一個天才，那麼你稍微多努力一點，恐怕就能夠取得超越一般人至少兩倍以上的效果。不過，正如你已經看到和在後面章節中將要看到的那樣，這本書不是寫給天才看的，而是寫給普通人看。所以我假設你只是一個普通人，你付出額外的努力只獲得了三〇％的額外效果。

在六個流程當中，每個流程你都取得比別人多三〇％的效果，你的最終成果將是：

$$(1+30\%)^6=4.83$$

沒錯，你取得一般人的四．八三倍效果。即便你是一個普通人，通過全流程優化，你也能夠取得天才一樣的效果。現在我們瞭解到，全流程優化是一個複利模型，它具有複利的威力。下面最有意思的地方來了——

剛才我們假設，你是一個普通人，你比別人付出更多的努力，取得三〇％的額外效果。那麼你究竟多付出多少努力呢？

假設你的努力只比別人多一〇%，效果就多了三〇%，那你的效率就太高了，恐怕本身能力就很強，很難被定義為資質平平的普通人。我們可以假設你比別人多努力五〇%，結果只取得多三〇%的效果，這個效率很一般吧，這才叫普通人。

每個流程上，你比別人多付出的努力是五〇%，那麼六個流程加起來，你多付出了多少的努力呢？注意，還是五〇%！如果你的義務教育數學學得還不錯，你肯定知道，你額外的付出是五〇%，而不是三〇〇%或者其他數字。

可是你最終的結果是多少呢？你做出來的效果只有別人的一・五倍嗎？不是！你的結果足足有一般人的四・八三倍！於是我們得到一個結論：

你用區區一・五倍的努力，做出了高達五倍的效果——你是一個天才！

但不要忘記我們最開始的假設：假設你是一個非常平凡的普通人。在每個環節，你用一・五倍的努力，只做出一・三倍的平凡效果。但是在全流程優化的模型下，這個一・三倍的平庸效果卻逐漸變成接近五倍的天才級效果！

為什麼會出現這種矛盾的結果呢？這正是全流程優化的精妙之處：

全流程優化在計算成本時適用的是加法，在計算成果時適用的是乘法。

以加法計算的成本碰到了以乘法計算的成果，全流程優化以完美的方式向我們展現複利的威力！

所以我在本節的開頭強調，全流程優化是在平凡中創造奇蹟。用一．五倍的努力創造一．三倍的效果，多麼平凡！可是經過全流程優化卻變成了四．八三倍的奇蹟。實際上，經過六個流程的放大變成四．八三倍，如果流程更加複雜、步驟更多，那麼做出一般人十倍、百倍的效果也很正常。比別人強十倍、一百倍？這看起來像是傳銷或者電視廣告。但這樣的效果卻由於全流程優化的存在而變得可能。

複雜流程中的危機

由於全流程優化是個複利模型，即指數模型，當流程鏈條越長、流程越複雜的時候，這個模型的威力就越大。所以我們常聽人說「時間是複利的朋友」，因為隨著時間的延長，流程會自動變多，複利也隨之擴大。

但是事情往往是雙面的，在複雜的流程中既有利潤也有風險。對於複雜的流程，如果你做得好就是全流程優化，對應複利；如果沒做好那就成了全流程損耗，對應「複虧」。複利是很誘人，但「複虧」就很難受了。

所謂全流程損耗，就是每個流程都做得比別人差一點——都不用差太多，只用差一點就好了。在六個流程的事項中，假設你每個流程都只做到別人的七〇%，也不算太差吧，如果六十分算及格，那你還多了十分呢。那麼六個流程走下來，你的最終結果居然只有別人的一二%都不到（$0.7^6 = 0.117$）！

即便你是一個比較聰明的人，你每個流程中七〇%的效果是只用了五〇%努力就做出來，看起來效率還滿高的。可是總體算下來，你用五〇%的努力，做出了一二%的弱智級效果，依然是一個不能接受的結果。

如果說全流程優化講的是平凡人如何變得偉大的，那麼全流程損耗就是講聰明人如何走向平庸的。在複雜的流程中，一點點疏忽與懶惰都會隨著流程的不斷累積，造成巨大的損傷。

作為例證，互聯網商業的興起成了某些傳統商業巨頭葬身的號角。與傳統商業相比，互聯網商業模式更加複雜，全流程優化與全流程損耗的空間都更大。那些做好全流程優化的小商家崛起，而陷入全流程損耗的傳統巨頭則紛紛倒下。

傳統商業當中，由於流程相對簡單，只要抓好少數幾個要點就能成功。比如，原本商場銷售的商業模式裡，只要抓住商場、超市管道就行了。商品擺放在商場裡，顧客自然會進來看到，然後自然會購買，始終處於一個很自然的消費環境。但在互聯網商業模式裡，你需要反覆轉換網路頁面，而每一次的頁面轉換都有顧客注意力轉變的可能。一個不留神，客戶就可能不想買東西了：

標題沒取好？不買了；

正文內容寫得不好？不買了；

商品文案寫得太差？不買了；

店鋪圖片不好看？不買了；

付款的時候居然不支援支付寶？不買了！

……

無數傳統商業巨頭由於不習慣這種多流程轉化的商業模式，就在這一層層的流程損耗裡倒下了。

相反，如果全流程優化做好，就成了任何時候都可能會買東西：

你在看朋友圈？我可以通過「標題─正文─商品簡介─商品詳細文案─支付」的流程逐級引導你買東西；

你在看新聞？我可以通過一系列流程逐級引導你買東西；

你想看個頭條影片？我還是可以通過一系列流程逐步引導你買東西！

流程優化做得好不好，有著天壤之別。

另外，全流程優化還有一個重點，在於「全」字。某些傳統商業大咖未必是所有流程都做得很差，其實還是有一些核心優勢的，但是他們依然比不上互聯網商業的強勢新貴，其中奧祕就在全流程優化的「全」字。每漏掉一些流程，你就漏掉一些效率，因為你其實就是把複利計算公式中的指數減小了一些。

對互聯網生態的商業來說，全流程優化的理念無比重要，這是因為互聯網商業比傳統商業更加複雜。由此也可以進行一點拓展，不僅在互聯網，在任何有複雜流程的領域，全流程優化的理念都很重要，比如學業成長，比如職業發展。

本節的最後，讓我們把全流程優化的理念與第一節提到的祕笈型思維的謬誤做個對比。祕笈型思維企圖通過某個高深祕笈來達到卓越的效果，哪怕這個祕笈要我付出兩倍的努力，但只要能換回二十倍的效果就好了；全流程優化則通過單流程的優化來進行全流程提升，每個流程只提高一點點就好，哪怕這一點點提高要耗費大量的精力，但總體累加起來卻能取得奇蹟般的效果，你的額外精力投入依然超值。

因此我想對你說，如果你想要做出偉大的成就，成為某個領域的高手，你需要的不是某種驚為天人的祕笈，而是基於全流程優化的理念對每一個小小的流程細節進行改進。奇蹟不只屬於天才，也屬於把平凡事情做得更好的普通人。

第三節　識別流程的類型與結構

做一個睿智的流程管家

如果你已經意識到全流程優化的重要性，並初步知道全流程優化的大概思想，那麼下一步就是研究一下，怎樣才能充分應用全流程優化給自己的生活帶來改善。

全流程優化粗略說起來是很簡單的，只有兩個步驟：

第一，將任務分為多個流程；

第二，對每個流程進行優化。

不過，如果真的只有這兩個步驟的話，全流程優化也太容易了，想要在平凡中創造奇蹟太容易了。實際上，為了在實踐中真正做好全流程優化，你需要學會識別流程的類型與結構。

流程的兩種類型

基本上，任何事情都可以看成是一系列流程構成的，但是流程分為兩種類型：順序型流程和連貫型流程。

順序型流程是指，流程隨著時間自然展開，前後流程之間的影響很小，甚至沒有影響。比如一場聯歡晚會，先表演第一個節目，再表演第二個節目，然後第三個節目……這樣依次進行下去，前後之間的聯繫就比較小。假設第一個節目表演得不太好，對後續節目的表演也沒什麼影響。

連貫型流程是指，前後流程之間聯繫緊密，前一個流程進行得如何直接影響下一個流程的進展。

上一節中的互聯網銷售案例就是典型的連貫型流程。如果第一個環節沒做好，那麼它對下一個環節的影響巨大。如第一四〇頁圖十五顯示，標題沒取好的文章，正文內容的閱讀人數就很少，進而商品簡介很少人看，更少的人進入店鋪，最後幾乎沒有人進行購買。

對比兩種類型的流程你會發現，順序型流程是沒有複利效果的，只有連貫型流程才有。

所以具有連貫型流程特性的專案往往具有更大的發展空間，而具有順序型流程特性的專案則往往前景有限。

但另一方面，連貫型流程特性的事務風險也較大，而順序型流程特性則較為平穩。上面的商業流程，如果第二個環節的文章導入做得非常差，那麼整個商品銷售就全部崩盤了；而一個聯歡晚會，即便中間第二個節目徹底演砸了，只要其他節目好就問題不大。再進一步，如果你從事的是連貫型流程的工作，那麼你面臨的壓力就非常大；而順序型流程的工作壓力就比較小，因為出錯後造成的損失比較小。

祕書、行政管理等職業比較偏向於順序型流程，這類職業的發展空間相對較小，風險和壓力也小；而淘寶創業、金融投資等職業則是典型的連貫型流程，具有強烈的複利效應，這些職業做好了前景很好，但風險和壓力都很高。

偶爾也會有混合型的流程，在後面的內容中會提到。

流程的兩種結構

流程還有兩種結構：並行結構與串列結構。

如果某個流程有備用的資源和其他選項（無論備用的資源是否正在使用），那麼它就是

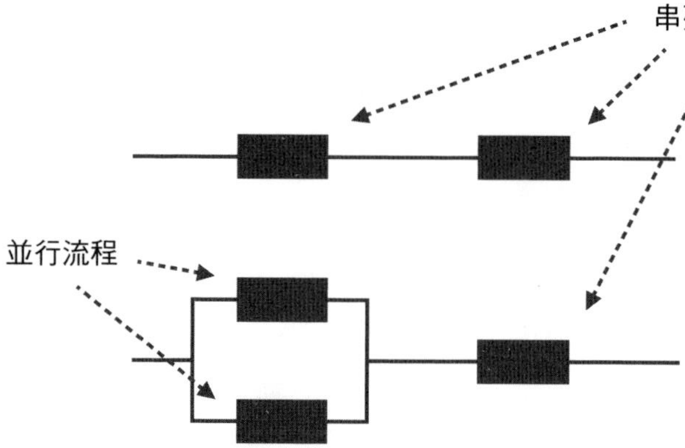

圖十六

一個並行結構的流程。

比如有的聯歡晚會會設置一些備用節目。假設第二個節目的表演者臨時生病了，那就讓備用節目登臺——這就是並行結構的流程。

如果某個流程沒有備用的資源和其他選項，那麼它就是一個串列結構的流程。

比如一個淘寶賣家，假設他做了很多個商品頁面、採用競價排名、站外引流等多種方式招攬客源，又安排多個線上客服，但出於某種原因，在發送貨物的時候只有一個合作快遞（也許是他的倉庫附近只有一家快遞），那麼他在物流這個環節就是串列的，而在其他環節是並行的。假設有一天他合作的這個快遞出問題無法送貨，那麼他的淘寶店運營將會遭受致命打擊。

顯然，串列流程的風險比較大，一旦出問題就會對整個流程系統產生巨大影響。所以為了降低系統風險，一般會將串列流程變成並行流程，尤其是對那些重要的或者容易出問題的環節更是如此。當我們提到全流程優化的時候，從串列流程轉化成並行流程就是一種重要的優化方式。

再比如，學生學習時有一個流程是獲取知識。在過去很長一段時間裡，這個流程對於學生都是串列的，因為獲取知識的途徑只在老師那裡。如果不幸遇到一個低水準的老師，那麼學生的學習就會遭受巨大的挫折。隨著社會教育服務和互聯網的興起，這個串列流程就被改造成並行流程，因為可以從互聯網上獲取大部分知識，學生受教育的風險就大大降低了。

串列和並行兩個概念來源於物理學中的串聯和並聯。串聯的電路會被一個開關決定命運，而並聯的電路則不容易徹底斷開。不過，根據物理學的知識我們也很容易想到，並聯的電路會消耗更多的資源。就像家裡的電器，每打開一盞燈就加快了幾十瓦／小時的用電速度。但在流程思維當中，並行流程未必會造成更大的資源消耗，因為你並不一定同時使用多條線路。有些備用流程、備用選項只是放在那裡未被使用，等到出了問題以後快速轉換過去就行了，這樣的並行流程並不太耗費資源。

如何選擇優化的順序

現在我們都知道做好全流程優化非常重要，**但有時候我們沒那麼多資源做全流程的優化，只能暫時先優化一部分流程，那該怎麼辦呢？**該優化哪一部分呢？

這個問題恐怕是全流程優化理念在實踐時最重要的問題了。因為不少人都曾產生過這樣的想法：我要把所有細節都做到最好。但在實踐中我們會有各種資源限制，導致你不可能真正地把全流程立刻做到盡善盡美。在此情況下，如何選擇成了全流程優化理念的重大問題。

在這個地方，就可以用到第三章講的策略師時間矩陣。根據策略師時間矩陣，我們應該先優化兩種流程——最容易優化的流程以及最重要的流程。

最容易優化的流程

金融投資者永遠都需要不斷優化他們的工作方法和模型，也永遠不可能做到每個流程都盡善盡美，但是，有一個流程的優化是大部分職業投資者都會選擇的——備用電腦、網路和電源。

如果你的投資模型不好，那麼你的投資會有所損失；如果你的情緒控制有問題，投資會有所損失；如果你交易的時候突然斷網、斷電或者電腦壞了，你的投資也會有所損失。但是，投資模型的優化和情緒控制能力的提升都是非常複雜，而做一些備用電腦、網路和電源則是非常簡單的，所以當你進行全流程優化時，你應該首先考慮完成這些簡單的東西。

中學生的學習包含多個流程，其中一個是獲取資訊。相對於攻克各個章節的壓軸題這種高難度的事情來說，好好選一本高品質的參考書或高水準的網路授課（以防老師講得不好），顯然更簡單。這也是一個通過改變流程結構來優化流程的案例。

當然也可以在不改變結構的情況下進行優化。比如一名職場新人初次參與重大專案，在「專案戰略布局—專案資源對接—製作總體策劃方案—製作展示PPT」的團隊工作流程中，管理者不妨讓他放棄戰略布局、資源對接等高難度流程，而把大部分的精力投入到做好展示PPT這個相對簡單的流程裡。

根據策略師時間矩陣，簡單可以從技術難度和耗時程度兩個方面評價。由於這兩個方面的評價不算太難，一般都可以直接感覺出來或根據經驗判斷，有沒有什麼特殊的共同性，這裡就不再多講。如果有疑問可以回頭看看第三章中的相關內容。

最重要的流程

另一種需要重點優化的流程是最重要的流程。說「重要」太抽象，根據策略師時間矩陣，重要可以從損益程度、影響廣度、擴散度這三個方面來衡量。

第一個方面：損益程度

損益程度指的是，這件事情做了以後有多大好處。**在一個連貫型流程當中，損益程度最高的那個流程，常常是某些數值最低的流程。**

比如客戶的轉化流程中，從最開始的廣告投放到最後的用戶付費，中間有一系列的客戶轉化。假設其他所有流程的轉化率都是二〇％，而某個流程的轉化率是五％，那麼這個流程常常就是損益程度最高的流程（除非五％已經是這個流程的較高水準了）。

這從數學上非常好理解。對於轉化率二〇％的流程，你投入資源使其漲到三〇％（增加一〇％），總體收益只提高了五〇％；如果把五％的轉化率提高到一五％（增加一〇％），那麼總體的收益就提高了二〇〇％。

第二個方面：影響廣度

影響廣度指的是，這個流程影響了多少事物。有時候，多個流程系列會交會於同一個流程點，這個點就有較高的流程廣度。

比如淘寶營運中，一個店鋪可能有幾十個商品，對應了幾十個不同的流程系列，但這幾十個商品都要經過同一個客服和同一個物流，那麼客服和物流就是這幾十個流程系列的交會點。它們具有極高的影響廣度。

又比如，大公司可能有幾十個不同的業務部門和業務流程，但這幾十個業務部門卻共用一個人事部門，那麼人事部門就具有極高的影響廣度。這種情況下，對人事部門這種看起來非核心的地方投入更多就變得必要了。

第三個方面：擴散度

對於連貫型流程來說，擴散度往往比較高，串列流程尤其如此，就像河流上游的汙染會嚴重影響下游一樣。

所以對於串列的連貫型流程來說，每一個環節都很重要，這是流程特性所決定的。但是它與河流汙染比喻的不同在於，河流下游並不影響上游，但流程的後端卻可以影響前端。想像一下，一家淘寶店的進貨、引流、文案都是中前端流程做得很好，但是最後沒有購買連結會怎麼樣。

有些流程是順序與連貫混合型的，這個時候不同流程的擴散度就有區別了，你要能夠識別區分。例如，一家銀行的大客戶關係部門準備在國慶日期間展開回饋客戶活動，需要進行送禮、簡訊祝福等一系列活動，他們的行動流程如下：

九月十五日之前向行長申請活動經費—九月二十日之前確認客戶資產並決定禮品價位—九月二十五日之前購買相應的禮物—九月二十八日寄出禮物—十月一日當天各客戶經理向大客戶發簡訊祝福，並通知禮品寄送—十月三日前向客戶詢問對禮品是否滿意。

在上述流程中，確認客戶資產並決定購買什麼價格的禮品，這個流程就是連貫型的，它會對後面具體的購買禮物、寄送禮物造成影響。而寄出禮物、發送簡訊祝福、詢問客戶滿意度就偏向順序型流程，對其他環節影響不大。在這個案例中，確認客戶資產的環節就具有最高擴散度。

採用這些方法，你就能夠挑選出最應該優化的流程，並著手依次優化自己的流程。

本章結語

全流程優化理念，是普通人變卓越的機遇之門

在本章的最後，讓我們再來回顧一下從祕笈型思維到全流程優化理念的轉變。祕笈型思維代表了簡單情境下個別方法和要點對全局的決定性影響，它往往與複雜的現實生活不符，尤其與經過互聯網改造的現代複雜商業社會不符。同時，對人生的諸多重要且複雜的事務，如升學、職業發展等，祕笈型思維也無用武之地。

而全流程優化則會帶來蛻變的希望。通過對每個流程付出額外的精力和資源進行細緻優化，哪怕單流程成本有較大幅度增加，但經過多流程的複利型優勢累積，最終取得的結果會比我們預想的更加出色。這是讓普通人變得卓越的機遇之門，也是我們可以在平凡的命運中創造奇蹟的重要方法。

通過跳出對某個單獨環節技巧的迷戀，站在全流程優化的視角上，你對任務的整體掌控會更強，認知也會更加深刻，這正是深度思維的特性之一。另外，全流程優化的理念其實在很多管理完善的大企業中都有應用，並且已取得卓越的成果，但我最希望的，是每個像我一樣的普通人能夠將此理念用於自己的生活，在漫長的人生旅程中，不斷優化自己的命運。

下篇

思維的格局

格局升級，掌握宏觀規律才能把控人生

上篇中介紹了很多具體的思維工具，熟練運用這些工具能讓我們解決日常工作學習中的棘手問題。

但我們不能滿足於此。這個世界如此宏大奇妙，有限的思維技術並不能概括它的全部內容。在萬事萬物的縱橫交錯之間，有更加廣大的規律在運轉與統治著。

你可能聽到過一些說法，像是選擇比努力更重要，智慧比聰明更重要。措辭不同，但內涵卻有相通之處。也就是說，那些更加宏大的規律，其運轉的力量超越了一般的方法技巧。如果我們能夠以深度思維的方法認知這些宏觀規律，提升自己的思維格局，就能夠對自己的人生有更多的掌控。

第五章　生態思維

——比個體力量更強大的是生態

個體的變化趨勢不僅由自己的特性決定，更由他所處的生態所推動。當你研究一個事物時，你不僅要分析個體，更要觀察整個生態、洞察複雜的規律。

第一節　生態思維的基礎原理

鑲嵌在生態中的個體，將被生態所推動

個體與環境，誰的力量更加強大？

很多人有一個認知誤區，就是太過相信自己的主觀力量，忽略了環境的影響力。我們習慣喊一些類似「出淤泥而不染」的口號，但忘記去思考或許更好的方法是為自己創造一個淤泥較少的環境。

比環境更高一層的是生態。生態原本是個生物學名詞，指生物在一定自然環境下的生存狀態，以及生物之間、生物與環境之間的複雜關係。在複雜的關係中隱藏著複雜的規律，我們若洞悉這些規律，就能夠形成生態思維。

在深度思維的多種方法中，生態思維是比較容易被忽略的一種，因為它既要求我們思考

時有宏觀視野，又要求我們去關注較為抽象的東西：事物間的關係。具體的事物是形象的、容易觀察和理解的，而事物間的關係則容易讓人忽視，乃至無法意識到它正在發生作用。

人們習慣於低估生態的影響，一個很重要的原因是不懂得生態思維的具體方法，更不知道如何用它幫助自己成長。因為大部分人可能根本沒有聽說過生態思維是什麼，也沒有清晰地意識到它的運作，自然就無法瞭解生態的力量。

儘管沒有清晰意識，但模糊的感受總是有的。經過適當的解釋，大部分人都可以理解和學習生態思維的內涵與應用。在本章中你將發現，它能在宏觀層面上幫助你找到更好的工作方向、建構持續發展的事業並贏得競爭等。

本章將為你介紹生態思維的基礎原理和三個特定模型，這些模型很容易理解，應用也很簡單，不需要太多資源。不論你是手握千萬、或上億資金的大佬，還是剛剛畢業、手頭拮据的大學生，都可以應用這些模型使自己受益。

先來看基礎原理。生態思維的最核心原理如下：

由於生態中的事物是廣泛關聯的，所以個體事物的發展趨勢、狀態變化和各種選擇並不是隨機，也不是完全獨立自主決定，而是受到整個生態的影響。因此，你思考某個事物時，不應僅僅思考個體，還應思考他所處的整個生態。他周圍的環境以及他與環境的關係。

這是所有生態思維的根本原理，也是後續一切衍生模型的基礎。把握好這個原理，就算對生態思維有了基本認識。下面來看幾個案例。

近幾年興起了一個很有意思的行業——遊戲主播。這個職業的任務就是在網上玩遊戲給別人看。如果你玩得精彩，觀眾看得高興，你就會累積很多粉絲。

假設你就是一名遊戲主播，由於你苦練了多年的遊戲技術所以水準不錯，有不少遊戲愛好者願意看你玩遊戲。你發布的每個遊戲視頻都有十萬粉絲觀看，那些鐵桿粉絲還會為你打賞。不過打賞的金額並不算太大，你得到的經濟回報還不夠多。於是你決定自己開一個淘寶店賣東西，在遊戲中發布淘寶店的地址來引流。

問題來了：你應該賣什麼商品才好？

可以賣的東西太多了，千萬種供你選擇。但是實際上絕大多數商品是無法通過遊戲視頻引流的方式賣出去的。比如你作為一個遊戲主播，賣傢俱或藥物就會顯得很奇怪。那你有沒有想到要賣什麼呢？請認真思考這個問題，就像它會大大影響你未來幾年的直接收入那樣認真思考（在本案例中，確實如此）。

如果不容易想，一般我們會選擇做一些類比借鑑。比如，我們可能會想到要賣遊戲衍生文化產品。這是類比動漫行業的結果，迪士尼賣卡通玩偶、動漫展賣動漫周邊商品，類似的，遊戲主播可以賣遊戲相關的玩具、配飾、創意T恤等。雖然動漫、卡通行業與遊戲行業模式並不完全相同，但依然具有高度的相似性，其模式是值得借鑑的。

你有沒有想到上面的答案呢？如果沒有想到也不用懊悔地批判自己，畢竟不是每個人都是遊戲或動漫愛好者並熟悉其周邊產業。

更何況，上面那個答案是錯的。

實際上，有不少遊戲主播嘗試過賣遊戲衍生產品，大多數效果欠佳，經營慘澹。經過實踐檢驗可行的正確答案——或許與你所想的略有不同——是應該賣滑鼠、鍵盤等商品。

如何選擇售賣的物品，你需要瞭解客群的真實想法和感受。這樣的客群，他們會怎麼想呢？他們會產生怎樣的感覺與購買欲望呢？這是個換位思維的問題。在「換位思維」一章中我曾提到，換位思維常常要與生態思維相結合。

根據生態思維，**你不應該僅僅考慮到你想要賣他東西的那個觀眾，還要考慮這個觀眾處於怎樣的生態當中**。這個人的生態系統會影響他的狀態和決策。

很顯然，看遊戲的人肯定也是自己玩遊戲的。所以你應該考慮這個玩遊戲的人的畫面：

一個人，坐在電腦前，左手放在鍵盤上，右手拿著滑鼠，雙手隨著遊戲畫面的變換而飛快地猛烈地敲打著。

人、電腦螢幕、鍵盤、滑鼠，構成了這個場景的小生態。面對這個小生態你很容易發現，賣這群人滑鼠鍵盤才是最好的選擇。遊戲玩家對鍵盤和滑鼠的要求較高，更換也頻繁，而且當他們玩遊戲、觀看遊戲的時候，與滑鼠、鍵盤非常緊密地聯繫在一起，更容易想到購買滑鼠、鍵盤而非其他不相關的商品。所以，在淘寶店中銷售這些商品能讓你大賺一筆。

部分人可能會覺得，給玩遊戲的人賣滑鼠、鍵盤，這個太容易想到了，不需要生態思維也能想到。那麼我們再接著往下看。

儘管賣滑鼠、鍵盤讓你賺了一筆，但一段時間後你發現其他遊戲主播都在賣滑鼠、鍵盤。在激烈的競爭中，你的店鋪銷售業績實在乏善可陳。你覺得需要新開發一些商品，請問這次你該賣什麼？

問題變得更難了，你決定的下一種商品會直接影響你未來幾個月的收入。正確的選擇能讓你收入倍增，而錯誤的選擇則會讓你虧掉前期的貨物積壓、網路店面裝修等初始投資。

如果你想的是賣電腦、賣手機，或者賣遊戲道具，那麼你應該慶幸你只是在模擬經營，因為這些都不是最好的選擇。另一個良好的選擇是——再一次，它和你猜的可能差別較大——你可以賣零食、飲料。

這個答案很難想，因為與滑鼠、鍵盤不同，遊戲和零食、飲料看起來毫無關聯。難道是在零食的包裝袋印上一些遊戲圖像，或者在飲料瓶身印上一把遊戲中的寶劍？不是的，就是賣普通的袋裝散稱零食：辣條、泡椒鳳爪、牛肉粒或香辣金針菇等。

你不用懷疑這個答案的正確性，因為已經有部分遊戲主播實踐過，這個商業邏輯被證明成立了。可是為什麼？為什麼遊戲主播應該賣零食？根據常規邏輯很難解釋，連馬後炮式的解釋都很難了，要在事前想到則更不容易。

但是按照生態思維則可以很容易預料到。你再思考那個看遊戲的觀眾生態，構建一個畫面。這一次，不是他玩遊戲的畫面，而是他看主播玩遊戲的畫面：

一個人，懶散而舒適地坐在椅子上，面前是一張桌子，桌子上有一台筆電，螢幕上是激烈的遊戲畫面。

所謂生態，就是個體周邊的環境以及其與環境的關係。現在你來想一想，這個人在這個生態中，應該是一種怎樣的狀態？顯然，他是一種放鬆、放縱、享樂的狀態，他在看遊戲進行消遣。那麼他的周邊環境放些什麼東西比較應景？當然是其他一些消遣的東西，如零食、飲料等。所以遊戲主播賣零食、飲料就成了合理的選擇。

這個虛擬經營的遊戲還可以繼續，並且難度不斷升級。目前為止給出的答案都是真實的遊戲產業裡已經出現過的，熟悉遊戲產業鏈的朋友可能會被經驗束縛住——因為我已經知道答案了，所以我無法思考。那麼，我可以再給出一些參考答案，它們是市場中沒有出現的，不存在現抄答案的可能。

根據生態思維，你可以賣暖腳寶。

讓我們繼續把遊戲觀眾的生態擴大一點。在上面的畫面中，玩家的身體處於怎樣的狀態？他的手也許放在桌子上，也許插在口袋裡，也許正撕扯著一包零食。但是他的腳放在哪裡？冬天的時候，在沒有暖氣的南方省份，長時間坐在電腦面前的人普遍會感到腳冷。所以對南方省份的遊戲觀眾來說，他們會很樂意從遊戲主播那裡購買一個暖腳寶。

根據類似的生態思考，暖手寶和桌面發熱墊也可以考慮。尤其是桌面發熱墊，冬天手冷是遊戲玩家的大忌，不論是木頭桌面還是玻璃桌面，都會讓人的手臂和手掌更冷。因此，一個發熱墊必然會深受遊戲玩家的喜愛，而遊戲主播推薦這個商品則更順理成章。

這些都是根據生態思維考慮到的、遊戲周邊市場上還沒有出現的商業模式，如果有遊戲主播看到這本書，或許可以嘗試一下。

隨著遊戲主播行業的變化，這些商品與商業邏輯總有一天會過時，比如從視頻錄播模式轉變為線上直播模式，遊戲主播的盈利方式就會有變化。但是生態思維的方式卻是永恆的經典，對任何行業、企業與個人都是如此。

小米科技是另一個生態思維的典型案例。

在人們的印象中，幾年之前的小米還是一個生產手機的普通企業。雖然小米的飢餓行銷、高性價比和線上宣傳模式都值得稱道，但僅靠這些還不足以算得上是偉大的企業。更何況還有很多人對小米發出質疑：高性價比意味著過度壓價，不僅降低了自己的利潤率，還引發行業的價格大戰，這種殺價博眼球的發展模式根本沒有可持續性。

小米的發展過程中也確實出現過危機，在引發了其他品牌的價格大戰後，小米高性價比的模式受到挑戰，營收增速劇烈放緩，眼看就要到天花板了，大家都在懷疑，小米還能繼續降價嗎？還會推出新的行銷模式嗎？甚至有人擔心，小米還能活多久？

這個擔憂太合理了，因為小米的競爭對手華為、聯想乃至蘋果和三星等都很強。品控、品牌形象、行銷管道、明星代言等，每個公司都有自己的絕活，小米哪裡有發展空間？

然而小米的創始人雷軍卻給了一個完全意想不到的答案——從手機降價的單點比拚中走出來，去打造一個新的生態，即小米生態鏈。

所謂小米生態鏈，是指各種智能家居、小家電產品，如電視機、掃地機器人、空氣清淨機、濾水器、電鍋、延長線、智能穿戴設備、監視錄影機、路由器等。目前小米生態鏈有近百家分支企業和幾十種智能家居產品，並且在不斷擴展中。

為什麼一家手機企業要去生產各種智慧家電？它們看起來和手機主業全都不沾邊啊！不是說多元經營是企業的禁區嗎？在傳統的商業邏輯中，同時經營這麼多種類的商品，幾乎必然會失敗，所以一般企業根本就不會往這個方向考慮。但小米卻站在一個生態化的視角上進行思考：

手機能夠與所有智慧家電進行訊息流通，它們共同形成了整個智能家居的生態，而手機則是這個生態的中心點。

在這樣的生態視角下，手機已經不是手機了，而是整個智能家居世界的入口。一般的手機與空調是割裂的，但如果手機能夠遙控空調呢？這就是智能家居的特性。當你抓住了手機，也就抓住了未來的智能家居世界。

在智能家居這個生態中，手機本身的價值是較低的，只有一兩千元，但是它所關聯的智能家居，如電視、路由器、掃地機器人、空氣清淨機、監視攝影機、電鍋等，加在一起就成了一個龐大的數字，能夠產生更大量級的收入與利潤。所以小米在初期低價打開銷量的思路也就說得通，儘管大大降低了利潤，但它為未來的商業世界打開了大門。這也是小米手機能把價格壓得比競爭對手更低的底氣——你的手機只是一台手機，你必須靠它盈利；而我的手機是一個生態入口，我有很多額外的盈利點。

那麼這個理論上很漂亮的生態思維是否真實可行呢？現實結果是，小米除手機以外的生態鏈產品，二〇一六年銷售額為一百五十億，二〇一七年則漲到兩百億。要知道，整個生態鏈的布局二〇一三年才剛剛萌芽，短短四年時間就塑造了一個兩百億銷售量級的企業群。

生態思維帶來了更大的格局，這是努力和普通的聰明所無法比擬的。

看完這些大型企業的精彩案例，我們再回到自己身上來。對於千千萬萬的個體來說，更重要的問題是，生態思維能夠給我們帶來什麼好處？小米是資金量超大的巨型企業，它可以使用生態思維來構建自己的帝國。但是普通的個人呢？我們平凡的生活中能否用得上生態思維？雖然最開始舉的遊戲主播案例是屬於生態思維的個體應用，但一方面這個行業似乎很特殊，大多數人不會從事類似職業；另一方面，能夠吸引十萬粉絲的主播也算是有一定的資源。對於最普通、完全沒有任何資源的人，比如一個出自平凡家庭、非頂級大學畢業的大學生來說，生態思維是否一樣有用？

在下面幾個生態思維的衍生模型中，你將會發現，這種思維方式並不是大企業的專屬，普通的個體也能應用自如。

第二節　衍生模型一：淘金模型

競爭再激烈也能贏的思維方式

淘金的機會

大約十九世紀中前期，在美國的西進運動中，加利福尼亞州發現了大量黃金，這一消息迅速傳開。第一批富有冒險精神的開拓者飛奔到加利福尼亞州，歷盡辛苦，真的淘到了黃金並因此發家致富。成功的案例刺激著更多富有冒險精神的年輕人躍躍欲試，懷揣著發財夢，奔赴加利福尼亞州。

假設你是同時期的一名美國青年，你是否應該加入淘金熱當中？不去？那就太可惜了。也許你就錯失一個發財的機會，甚至要在餘生的每一個夜晚都輾轉反側，後悔當年的保守和遲疑。

那麼去吧！很可惜，不是每一個去淘金的人都能發大財。隨著去淘金的人越來越多，每個人能夠淘到的金子也越來越少。當然有些運氣好的傢伙一不小心就挖到大塊的金子，不過更多的人只得到一些金沙，也還不錯吧，但算不上是發大財，比在家鄉做一個普通的工作好不了太多。

那麼你到底該不該去趕這趟淘金熱潮呢？

上面雖然是一個遙遠的虛擬問題，但是近距離的真實問題抉擇也並不陌生。是在小城市的老家做一份安心的工作呢？還是去北上廣深闖一闖，興許就闖出一番事業來了？最近互聯網創業這麼火熱，我是否應該加入其中呢？

這就是我們每個普通人都會面臨的問題。所以，對於上面的淘金問題，你的答案是什麼？我給出的答案是：

你應該去，但不是去淘金，而是去賣牛仔褲。

有些人立刻就回憶起來，這不就是牛仔褲品牌李維斯（LEVI'S）的創業故事嗎？淘金的人未必賺了錢，但是淘金挖礦的人需要大量結實耐磨的褲子，於是賣牛仔褲的李維斯就發財了。不過你也不一定要賣牛仔褲，你在淘金的聚集地賣鏟子、賣驅蚊藥水，或者搭個檯子賣熱狗速食都可以。李維・史特勞斯通過賣牛仔褲建立了一個優秀的服裝品牌，你如果具備類似的思維能力，也可以建立自己的挖掘機械生產廠或速食連鎖品牌，登頂人生巔峰了。

但是這需要你擁有更大的格局，具備生態思維的能力。當你聽到黃金的消息、看到淘金的人群時，你不能只想到黃金和礦工，而要想到整個生態。你應該想，黃金吸引了無窮無盡的人，而人需要衣服、住宿、食物水源、工具等。所以你的機會不僅僅在於黃金本身，也在於其背後的生態。

這就是生態思維的淘金模型。

黃金是刺眼的，而黃金背後的生態是隱形的，要想到整個生態，對你的思維能力要求更高一些。好消息是，它對其他人的要求也一樣高，你的競爭者一樣難以想到這一點。所以一旦你考慮到背後的生態，你的收益往往會更大。比如在淘金案例中，絕大部分的人注意力都聚焦在黃金上，導致競爭激烈，這讓做牛仔褲生意的李維．史特勞斯輕鬆賺了大錢。

淘金模型的本質

淘金模型的本質是一個共生模型。你會看到其他人，不是只看到競爭者，而要看到生態中的共生可能性。

只有理解了淘金模型的本質，你才有可能學會應用淘金模型。共生模型讓你知道，看到巨無霸的玩家加入戰場，你並不一定需要感到恐懼並立刻逃之夭夭。讓我們借助一個典型的案例，思考普通人如何應用這個淘金模型。

二〇一七年四月，中國政府發布了雄安新區的建設規劃，一時間沸沸揚揚，雄安成為各路英雄的必爭之地。如果你在雄安有房產，那麼會立刻獲得大幅財富增值，就像美國西部的金礦那樣吸引人。

不過這樣的大好機會，競爭會非常激烈，甚至比淘金模型中的競爭更加激烈。在雄安新區規劃頒布後才幾天，中國政府就下令嚴禁雄安房地產炒作，所有房地產交易通道直接關閉。雖然後續的政策目前還沒有發布，但可以推測，一般人是無法在雄安買到房地產的，最終商業和住宅地產大概會撥給搬遷過去的央企和央企工作人員。

這場遊戲的競爭比西部淘金模型更加激烈，因為你和其他礦工尚且有一爭高下的可能，但你絕對無法突破法律政策去和市值千百億的央企及其員工競爭。按照普通的思維方式，這個競爭你從一開始就輸了，毫無機會。所以在現實生活中，雄安新區的政策發布過後，經過一小段時間的熱炒就悄無聲息了，普通人不再關注它，因為根本沒有機會。

但根據生態思維，雄安新區其實還有很大的機會，並且是普通人可以上手的機會。按照淘金模型來思考，我們不要與這些央企和員工去競爭，而要在共生中找機會！在偏僻荒涼的雄安新區，央企和大量富有、高素質的員工搬過去以後，他們會需要什麼呢？我們應該思考他們的生態。

首先是子女教育問題。雄安當地的教育水準達不到央企白領的要求，他們不願意自己的孩子受到低水準的教育。所以一旦大量的員工搬遷過去後，當地的高水準教育需求會暴增。如果你從事教育行業，那麼雄安絕對是你的寶地。對於有一定資金量的人來說，可以在當地創辦各類高端教育公司；即便是沒有資本的普通人，只要你能提供不錯的教育服務，你也可以隻身前往雄安，為白領們提供私人子女教育服務。

這裡的妙處是，你不必達到行業頂尖水準，只需要比雄安這個小縣城的教育同行水準更高就行——不難達到的標準。在其他地方，一個私人教師能有二十個學生就不錯了，但在這個新的地方，私人教師可以輕易招攬到兩百名學生——只要他忙得過來。因此，一個大城市中等水平的老師在當地月收入大約一萬元人民幣，到雄安這個小縣城去反而可能上升幾倍。

健身等行業也可以推理有類似的機會。在大城市中健身房不計其數，私人健身教練很難獲得高額回報，但是他們或許可以在雄安找到機會。如果想放大規模，大型健身房也是不錯的選擇。

娛樂行業，如酒吧、夜總會、電影院等都是類似的邏輯，至於餐飲、建材等的更多機會你也可以慢慢思索。當然，具體的投資和商業行為還需要考慮其他因素。比如，如果整個雄安規劃最終雷聲大雨點小，那麼機會就少了；如果搬遷過去的都是無子女的年輕人，那麼教育行業的機會就需要延後幾年；如果政府關於雄安新區的規劃方向發生變化，那就要根據新方向重新尋找機會。

但這些細節問題不妨礙你使用淘金模型去思考並找到機會。通過這樣的舉例，我想你應該能夠理解生態思維與淘金模型的應用了。

總體來說，淘金模型意味著共生，表示你在這個生態中不是只盯住某個點，然後發現有一堆競爭者，而是思考整個生態的狀況，思考如何與這些人進行共生。詩人說，你站在橋上看風景，看風景的人在樓上看你。現在你要反過來，學會站在樓上觀察橋上熙熙攘攘的人，以及相應的生態。

第三節　衍生模型二：森林模型

不是天才的人，如何應對強大的對手

互聯網創業者與投資人洽談時，總會被問到一個問題：

「如果騰訊也來做你這個類似的產品，你怎麼辦？」

這是創業者最討厭的問題，聽到了就煩，因為他自己也不知道怎麼辦。有少數優秀的創業者對自己的實力很有自信，決定通過多種方法去優化產品、開拓管道，將自己的才華、能力、資源和意志發揮得淋漓盡致，誓要與騰訊一爭高下。最終，他們都死得很慘。

大多數人或許不會去創業，不會直接面對上述情況，但類似的問題總是有的。你是程式設計師嗎？有大量清華、北大和海歸博士程式設計師與你競爭怎麼辦？你是平面設計師嗎？有很多資深的平面設計師與你競爭又該如何應對？

在淘金模型中，我們提到可以轉換自己的身分，在共生中尋找機會。但大部分人並不願意轉換自己的本職工作，那又該如何應對呢？

來看一個森林模型。

想像這樣一個生態圖景。地圖中間是一片森林，森林周邊則是大片的草地，一條河流貫穿森林和草地。老虎和熊等大型肉食性動物占據了森林中央；狼群則避開老虎和熊的領地，在森林中部稍外側建立巢穴；鳥類避開地面，在樹上築窩；而兔子則在森林外部的草地上挖洞繁衍。

我們重點來看兔子的生存環境。與老虎、狼相比，兔子顯然是弱勢的，既沒有健壯的身體，也沒有鋒利的爪牙。兔子該如何生存下去？

答案是，牠可以離開老虎和狼密集居住的森林中部，在森林邊緣與草地上生存。

這就是森林模型。**森林模型本質上是一個生態棲位模型。生態棲位是指物種在生態中所處的位置，包括空間、時間、食物種類等因素。生態棲位思維的核心原理是，當你遭遇強者競爭時，除了與其死拚以外，你還可以選擇避開它的（時間、空間、食物等）位置。**

讓我們帶著森林模型與生態棲位的思維回到之前的創業案例中。經過幾年的經驗教訓，新的互聯網創業者已經知道如何解決那個關於與騰訊競爭的問題了。那就是，遠離社交領域。騰訊的商業生態是圍繞著社交來建構，只要你的創業方向避開社交相關領域，成功的機會就大一些。當你扎深了根，等到騰訊終於下決心進入你的領域時，它會發現自己重新組建團隊把你競爭死需要花費一億，而收購你只需要五千萬。

於是你可以短短幾年時間賺五千萬。

來看另一個例子。

程式設計師小乙在北京工作了五年，儘管北京的IT企業機會眾多，但大量的高端電腦人才聚集北京，小乙作為一個只能算水準不錯的普通程式設計師，實在難以找到突破。一般的想法是，小乙應該保持積極的心態不斷磨練技術，學習成長，以期最終拚搏成功。這個想法很勵志，但現實是，那些名校畢業生們，同樣努力拚搏不斷學習，並且由於他們的聰明才智，他們還學得比普通人更快。根據馬太效應，小乙與頂級電腦人才的差距會不斷拉大。

那麼小乙該怎麼辦呢？

你不能指望這些頂級聰明人會犯技術錯誤。比如你指望自己在學習新電腦技術的時候一帆風順，而他們學習的時候會出現各種學不下去的難關，於是你終於超越他們有翻身的機會，這基本上不可能的。**聰明人最擅長的就是這些技術細節，在與聰明人競爭的時候你很難有技術上的機會。**

但另一方面，你偶爾會有一些戰略格局上的機會。聰明人的弱點在於，他們太滿足於自己的聰明及其帶來的安全舒適，因此可能（僅僅是可能）不願意去尋找那些不確定的、創新的、非主流的機會，或者犯一點戰略上的錯誤。普通人的機會就在這裡。

那麼小乙該怎麼做呢？根據森林模型，他可以選擇一個新的生態棲位，在遠離老虎和狼的地方試一試機會。現實案例是，小乙後來離開北京，進入河北一家效益較好的農業公司擔任技術顧問，負責建立和維護公司的電子監控和結算程式系統。在相對傳統的農業公司，資質普通的小乙立刻成為頂級技術專家，受到尊敬並得到豐厚的報酬。兩三年之後，小乙摸清了農業公司的運作流程和經營細節，自行成立一家為農業企業服務的小型軟體公司，為河北省幾十家農企提供服務，每年營收超過五百萬，淨利潤超過兩百萬。

讓我們回顧一下這個案例。一個人成立一家公司，每年利潤兩百萬，這並不是個了不起的商業故事，在千千萬萬營收過億的大公司面前顯得微不足道。但這個案例的精髓在於，它是個平凡人的故事。這意味著，它不是給少數自帶光環的天之驕子和巨無霸企業看的，而是給絕大多數無背景、無資源、智力普通的凡人更多選擇。

如果沒有這個基於生態棲位和森林模型的戰略選擇，小乙的一生大概會是大公司底層

IT員工掙扎的一生。在北京殘酷激烈的市場競爭中，與名校背景、資源優厚、才華橫溢的人相比，小乙很難在工作三年後晉升初級管理職位，也很難在五年後拿到股票期權，更無法帶著八年的工作經驗融資千萬自主創業。他會面臨萬元左右的工資月光、末位淘汰、三十四歲裁員，以及年收入十五萬人民幣如何在北京買房等諸多人生困境。但在生態棲位戰略的選擇下，他的人生明顯幸福從容得多了。

如果平凡的人可以應用森林模型突破自己的局限，那麼資源優厚者當然也可以用它博取更大的事業。實際上，它是人人可用的思維模型，能為你找到新的格局與生機。

不過在實際使用的時候，仍然有一些注意事項。

森林模型是否等於「遇到強者就逃跑」

有些人會產生這樣的誤解，因為上面的案例似乎可以抽象出這樣的梗概：

小乙資質平凡，無法與其他優秀員工競爭——小乙逃跑了——小乙成功了。

這是一種誤解。讓我們回顧一下森林模型，其中最弱者兔子是如何生存的？並不僅僅是避開虎狼就好了，因為總有避無可避的時候。兔子依然需要不斷進化提高自己的實力，它需

圖十七

要奔跑速度更快、繁殖力更強。

既然兔子依然需要那麼努力，森林模型和生態棲位選擇是否有意義呢？答案是，仍然有重大意義。如果不進行生態棲位選擇，兔子就會與虎狼發生正面衝突，避無可避，如果想要生存下來，兔子需要進化得和老虎一樣強壯，和狼一樣尖牙利齒——這顯然是一個不可能完成的任務。在生態棲位選擇以後，兔子只需要跑得更快、繁殖得更多一點就好了——這個任務顯然更容易達成。

所以森林模型與生態棲位選擇，不是讓你輕輕鬆鬆就可以登上人生巔峰，而是讓你離開無論怎麼努力都不可能成功的泥沼。

請記住，進化是生物的基調，生態棲位的選擇並不能代替進化的努力。

生態棲位選擇是否意味著越荒蕪的地方越好

為了避免競爭，是否應該避開大城市、往經濟不發達的地方跑呢？

當然不是。實際上生態棲位的選擇是非常靈活的，並不是簡單一兩句話就可以概括。假設你開闢了一個新的商業領域，新領域在擁擠的大城市也沒有競爭者，那麼顯然你不需要跑到偏遠的小地方去，因為商業領域本身就是一個虛擬空間。或者，雖然大城市的競爭者很多，但是需求更多，那麼它的生態也沒有飽和，不需要去小地方進行規避。比如，儘管在深圳已經有很多高水準的老師，但由於人口不斷的湧入，造成學生對老師的需求更多，那麼深圳的教育生態依然可以容納更多的教育從業者。

反過來，即便沙漠地區沒有虎狼的威脅，兔子也不能就因此去沙漠生存。想要做出一番事業未必一定要去北上廣深，但窮山惡水荒蕪人煙之地肯定不會比北上廣深更好。

另外，如果你本身就是強者，那麼去森林中心與虎狼一爭高下也是不錯的選擇。

第四節　衍生模型三：池塘模型

如何突破發展的瓶頸

在一個池塘生態中，水草要和藻類爭奪養料，浮游生物要避免被小魚吃掉，小魚又要躲避大魚，大魚之間則要相互競爭食物和繁殖空間。沒有誰能夠輕鬆地繁衍生存，所有生物都要激烈競爭。而它們的競爭最終造就了池塘的生機。

這就是池塘模型。

池塘模型的本質是平臺模型。目前世界上排名前幾名的大公司都是平臺型公司，像是美國的微軟、Facebook、亞馬遜等，中國的如阿里巴巴、騰訊、小米等。

你很容易理解平臺型公司的好處：開淘寶店的未必賺錢，但是淘寶平臺本身一定賺錢；開淘寶店的未必能夠做得很大，但淘寶（阿里巴巴）卻是全國第一大。

一般人很習慣在別人的平臺上活動，但卻未考慮或許可以製造一個自己的平臺。為什麼很多人缺乏平臺思維？

一個很重要的原因是，平臺看起來太大了。不論是阿里巴巴還是騰訊，都是巨無霸級的公司，普通人本能地覺得這麼大的體量與自己根本無關，自己完全沒有構造平臺的能力。

但我們要意識到，平臺不僅是一個結果，也是一種思維模式；太平洋固然是一個生態，家門口的小池塘也是一個生態。太平洋享受到萬億生物共同促成的那個大生態，小池塘也可以享受千百小生物繁衍的生機。儘管鯊魚是大海中才會出現的巨大生物，但我們要意識到，一個普通的小池塘所擁有的生機就超過一條大鯊魚。哪怕是一個小池塘，也比大海中的大魚要更厲害。

還記得之前提過的遊戲主播案例嗎？讓我們再回到這個案例中，並做進一步的延伸。

假設你是一名Dota（一款曾經很火紅的電子遊戲）遊戲視頻主播，你是較早進入該領域的主播之一。由於你的遊戲水準很高，所以吸引了幾十萬粉絲。在經歷了賣滑鼠鍵盤、賣零食等發展後，你已經取得不錯的收入。但一段時間後，其他主播也開始賣滑鼠鍵盤、零食飲料等，你的產品已經沒什麼明顯創意優勢了。

更重要的是，不斷有新的遊戲主播加入競爭。他們有些遊戲技術水準比你還略高一些，有些雖然遊戲水準不算頂尖，但是個人風格突出，總之是各顯神通，吸引了很多的遊戲粉絲。整個Dota遊戲觀眾就那麼多。新主播不斷加入，意味著你的粉絲會增速放緩，最終逐步減少。

就在你著急得睡不著覺的每一分每一秒，還有新的遊戲主播不斷加入。

現在你該怎麼辦？

你或許想，要繼續加油，做出更精彩的視頻；要更加努力，投入更多時間，更頻繁地更新遊戲視頻，以吸引更多粉絲；或者繼續創新，開發出別人意想不到的新產品……

這些或許（在短時間內）可行吧，但我要給的答案是，你可以發展成一個Dota遊戲主播的營運平臺。

新遊戲主播在不斷加入遊戲、爭搶觀眾的同時，也面臨問題：如何把視頻流量變現？通過淘寶店的模式進行變現，意味著需要抽時間去營運店鋪：進貨、庫存、網路店鋪裝修、人員招聘、客服售後服務……

總之，這是一系列很麻煩的事情，很多個人主播是沒有時間、精力與資本去做這些事情。也就是說，他們會選擇放棄這種高價值的流量變現方式，而選擇接廣告等稍次一點的方式賺錢。新主播沒有自己的淘寶店，卻把你淘寶流量變現的機會給打斷了。

由於你已經有淘寶店營運的經驗和資源，於是你可以以一個平臺身分去找這些新主播，為他們提供整套的淘寶店營運服務，而他們只需要繼續做視頻，累積粉絲流量就好了。當他們吸引粉絲來你為他打造的淘寶店購買商品時，你則可以和這些主播進行收入分成。他們不費吹灰之力就擁有一套高價值的流量變現系統。即便要與你分成，這也是非常划算的事情，這些新主播能夠比原來賺取更多的錢，於是他們欣然同意。

此時，你的盈利方式就產生了變化。先前是靠自己的流量、自己的淘寶店賺錢，現在則增加了其他遊戲主播為你帶來的收入。你的個人流量收入保持基本不變，但是卻大幅增加了作為平臺的收入！

原本你是一條大魚，你要時刻防範其他大魚小魚和你搶食物；現在你選擇當一個池塘，於是你看著池塘裡大大小小的魚笑而不語。

這個案例的精彩之處在於，它是普通人可以實現的，實際上也確實有一個聰明的遊戲主播走了這條道路，在格局上完勝其他同行。再造一個淘寶和微信級別的平臺需要百億以上的資金，但是打造一個 Dota 遊戲主播營運的小平臺卻比較輕鬆——輕鬆，但依然能給你帶來巨大的收益。

所以我強調，平臺不僅是一個結果，也是一種思維方式和戰略選擇。不論量級大小，它都可以發揮相應的作用。眾所周知，大企業需爭搶平臺位置，而小公司和個人其實也可以利用平臺思維。所以，這個模型取名為「池塘模型」，而非「平臺模型」，因為池塘不僅說明了其平臺屬性，還強調了它的「小」。這也是本書的宗旨——不是為億萬身家的大企業出謀劃策，而是給出身平凡、資源匱乏的小個體獻計。我希望大家能夠意識到，再渺小的個人，也要有遠大的格局。**格局，不是個人精神道德的發揚，而是關乎自身切實利益的智慧。**

再來看一個案例，也是個平凡個體的案例。

> 我的一個朋友是一名高中數學輔導老師，他製作高中數學的線上課程並銷售。由於課程品質較好，他的自媒體宣傳也不錯，所以累積了一批學生粉絲。學生購買他的課程，這讓他有不錯的收入。
>
> 但他也遇到一些不好解決的問題。由於市場上高中數學老師實在太多了，學生們今天看到了他的課覺得很好，明天看到其他數學老師的課也覺得不錯。所以他的學生一方面在增長，一方面也在流失。增長速度不夠快，以及存量客戶（學生）不斷的流失，讓他的發展受限。
>
> 他的疑問在於，如何取得進一步發展？

進一步提高課程品質？高中數學教育不是頂級科研，做到頭也就那樣。大學聯考就那麼幾個題型，你能比別人講得好到哪裡去呢？大學聯考的特性決定了，很多教育機構都是同質化的產品。

進一步做好自媒體、擴大行銷管道？他不是自媒體行銷天才，粉絲增長速度有限，也無法快速提高。我已經說過了，這是平凡人的案例，不是天才的案例。一個行銷天才輕輕鬆鬆大獲成功的案例對我們這些凡人沒什麼意義。

那麼他該怎麼辦呢？

現實答案是，他是一個有生態思維能力的人，他懂得利用池塘模型來運作，他以較小的成本找人開發一個 **APP**，構建了一個小型教育平臺。

這個平臺的基本思路是，由於語文、數學、英語等不同學科的老師之間並不存在競爭關係，所以他們可以相互介紹學生資源。平臺把老師們都分成組，每個組裡面只有各個學科的老師各一個。這樣對老師來說，只需要加入平臺就可以迅速讓自己的潛在學生數翻五至十倍！平臺則從中間抽取一點點提成。

而我的這位朋友，則從一名每天苦惱如何與其他數學老師競爭的普通老師，變成承載其他老師的「池塘」。現在，他看到其他數學老師不再心煩了，他自己的影響力和收入也有大幅增加。

你看，這就是一個沒什麼資源的普通人，利用池塘模型讓自己擺脫增長乏力、競爭激烈的困境。阿里巴巴和騰訊的故事離我們太遙遠，而能讓平凡人成功的思維模式則讓我們受益更多。

本章結語

在宏觀層面上做出更巧妙的戰略選擇

生態思維告訴你，不要把目光只聚焦在一個事物上，而要觀察思考它的生態，既包括周圍的環境，也包括它與周邊事物的關係。這一思路的改變，常常能讓人豁然開朗、大夢初醒。

作為這一思路的體現，三個具體的生態思維模型更清晰地展現了如何將生態思維用於我們的人生。儘管這三個模型不是生態思維的全部，但它們依然能夠在微觀層面上促進我們的換位思維能力，更能在宏觀層面上指導我們做出更巧妙的戰略選擇，優化發展路徑，最終改變我們的命運。

本書的下篇開始講述更遠大的問題：如何提升思維格局。對習慣於聚焦眼前事務的大多數人來說，思維格局的提升或許是深度思維方法中更難、也更精彩的一部分。作為能夠拓寬視野、擴大格局、改變命運的思維方法，將生態思維放在下篇的第一章，當之無愧。

這裡我需強調的是，生態思維和本書後面幾章節的系統思維、大勢思維、兵法思維等的關係。這四種思維方式，旨在提高人的整體格局，是偏向宏觀的思維方式。它們從不同的側面描述這個宏觀世界的規律，相互之間有深刻的聯繫。其中，系統思維是生態思維的一種特殊表現形式，由於有自己獨特的運行性質，所以單列為一章；大勢思維和生態思維兩者常常一起應用，如同思維方法界的神雕俠侶；兵法思維與生態思維亦有莫大的聯繫，生態思維的幾個衍生模型，其原理都可以用兵法思維去理解。總之，希望大家能把這四種思維方式融會貫通。

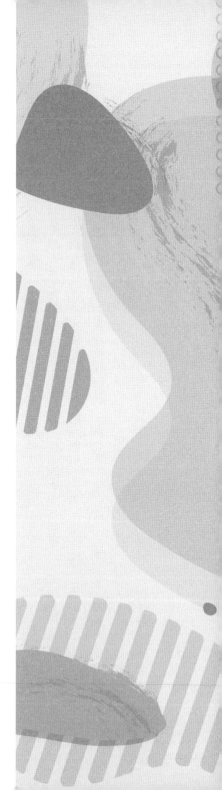

第六章　系統思維

——在更高的層面上解決問題

在複雜的情境中，傳統的因果關係被顛覆，微觀層面的靜態分析失效了。你需要站在更高的層面上，以更宏觀的、系統的高度去看待和解決問題。

第一節　線性邏輯的局限

為什麼有些問題聰明人解決不了

線性邏輯是我們理解世界時比較簡便的方法。正如我們在思維邏輯鏈等章節中看到的，當你學會這些線性邏輯思維的方法後，思考能力和解決問題的能力會有很大提升。

但這世上也存在一些用常規線性邏輯無法解決的問題。

這些問題往往很棘手，有時候就連聰明人也無法解決。聰明人之所以被稱為聰明，經常是因為他們對一些常規線性邏輯方法掌握得很透徹（不包括更大的智慧），但如果問題本身超越了常規線性邏輯，那麼它就會讓聰明人也束手無策。

企業的運轉有這樣的典型案例。一家公司——假設為公司A——剛剛更換大股東，新股東對管理層提出明確的盈利要求。這個要求讓管理層壓力很大，幾個高層聚集一堂，開始為實現目標擬定戰略規劃。按照傳統的邏輯思維與結構化思維，他們開始分解任務。

企業的目的在於盈利，而盈利在於增加收入與節約成本。增加收入主要在於研發、銷售等部門，而節約成本則人人有份，不過內勤服務部門這種不直接創造收益的部門，它節約成本的任務會更重一些。

如果一個內勤服務部門的主管發現，員工們有二五％的時間在偷懶，那麼削減二五％的員工以節約成本，理論上就應該是正確行為。請注意，他並不是一個傻子，他知道不能裁得太多，比如裁員五〇％，這會讓部門無法正常運轉。二五％是一個經過精確數學計算的值，它讓剩下的員工能夠剛好保持滿滿的工作量，又不會造成太多額外的負荷。

這樣的人員安排，理論上能節約成本且不會造成問題（或者頂多有一點容易解決的小問題），但實際上這個部門卻在隨後的幾個月時間裡產生了巨大的混亂，幾乎崩潰。

為什麼？

另外一個典型問題是個人的職業發展。按理來說，越聰明的人應該發展得越好，但事實並非如此。雖然總的來說，聰明人發展得比不聰明的人好，但是卻並非嚴格成正比——有一部分比較聰明的人（甚至智力平凡的人）做出了比聰明人更加優秀的成績！

或許你會解釋，聰明的人未必勤奮；聰明人有時候耽於耍小聰明；聰明的人未必道德品性良好，這些都會影響他的職業發展。但另一個問題湧現出來：越來越多的聰明人同時表現出上述所有的優勢。在巨大的社會壓力與焦慮下，那些聰明人同樣非常勤奮地在學習和工作；他們做事非常踏實，且而不耽於小聰明、耍心機；同時他們的道德品性也很優秀，誠信而有責任心。

這樣優秀的員工自然願意進入最優秀的大企業，而由於他們的優秀，熱門的大企業也願意招收他們。如此一來，他們發現自己的同事全都是最優的人，任何發展機會都要經過慘烈的競爭。最終結果是，雖然在大企業裡確實有一小部分人爬到最頂端，但是剩下大量同樣非常優秀的人卻遲遲得不到機會，因此反而比不上那些優秀程度次一些，卻在中小企業中輕鬆爬到頂層甚至自己創業成功的人。這樣的案例在地產、金融、電信、能源、互聯網等行業中時有發生。

這種困局如何解決呢？難道要主動去弱一點的小企業嗎？可是別忘了，小企業破產倒閉的概率可比大企業高多了。又或者乾脆自己創業？你該知道創業的失敗率高達九七％以上。當你跳出一個坑的時候，也許就進入了另外一個坑。

這些都是常規線性邏輯與我們的經驗型思維無法解決的問題。比如按照常規的思考，最優秀的人當然要進入最優秀、福利最好的大企業，但這種合乎邏輯的思考卻未必會帶來最好的結果。這些不常規的困境，讓我們感受到邏輯與經驗的尷尬之處。

我相信你能提出更多類似的問題和案例，或許你自己就正面臨著按照常規線性邏輯思考無法解決問題的困境。這些案例有一個共同點：它們都需要你跳出線性邏輯，進入到更加宏大的系統中。

第二節　重新認識因果

顛覆線性因果，系統結構才是決定因素

為什麼問題會無中生有的出現

我們先來看內勤部門的案例，看看為什麼一個本應合乎邏輯的改革措施最後陷入巨大的失敗。

內勤部門主管的思路，以及其他高層管理者的思路，是典型的結構化思維方式，通常它應該是有用的，但這一次它出了問題。

比較顯而易見的一個原因是，他忽略了內勤部門和銷售部門之間的聯繫。既然銷售部門在拼命擴張銷售，那麼可以預估在未來的一段時間，內勤部門會面臨更多的客戶服務問題！在此時按照現有業務規模來削減人員，實在是不明智的。

這種不明智產生的根源就來自於，他沒有看到系統在不同部分之間的聯繫。內勤部門和銷售部門看似很分離，實際上則通過客戶紐帶緊密聯繫在一起。

但上面只是一個比較明顯的原因，還有更加深刻的隱藏問題尚未挖掘出來。我們可以這樣提問：

如果未來一段時間銷售部門並未帶來更多新客戶，是否就不會出問題了呢？

從數學上算是不會的，七五%的員工數量剛好能應付目前所有業務。

我們可以定義一個指標混亂度，用來表示內勤服務部門中產生的麻煩和混亂程度。在最開始，每個人全力工作剛好完成任務，混亂度是零。同時，人是會犯錯的，即便是在正常情況下也會。這些錯誤的產生有一定的偶然性，有時候犯錯多一點，有時候少一點，當錯誤產生的時候，混亂度會略微增長一點。犯下的錯誤需要人去投入精力修正，形成新的額外工作量。不過由於內勤服務部的員工本身素質能力沒有問題，他們完全有能力去修正錯誤，而這些由於偶然因素產生的錯誤也並不會持續發生，所以在一段時間之後，混亂度理應會重新回到零軸。

如此推理，部門的混亂度總會保持在一個很小的範圍內。今天是一，明天是三，後天是

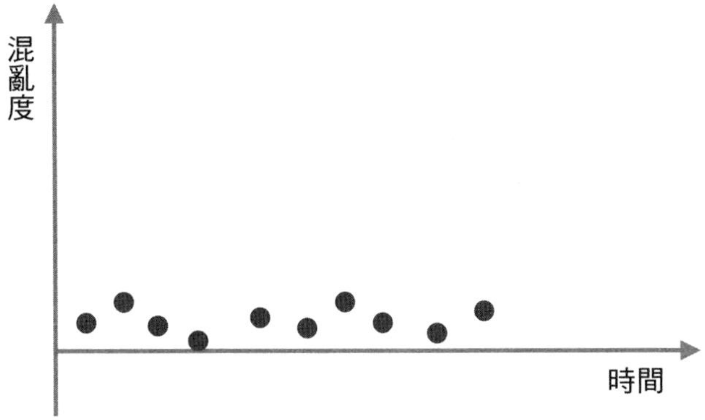

圖十八

二，大後天變成零，然後再變成二……即一個在零軸附近震盪的序列，如圖十八。混亂度接近於零，這個部門有任何問題嗎？主管不會這麼覺得。

但實際上卻依然會出問題。

由於某個偶然的因素，一些小錯誤出現了，造成修正錯誤的新工作量。由於所有人都是在滿負荷運作的工作狀態，任何新工作的產生都要求員工加班完成，產生新的工作壓力。同時，因錯誤導致部門被上級批評也會造成額外的工作壓力。

到目前為止，這些員工出現的錯誤和遭受的壓力都還小，暫時處於可以接受的範圍。

但是當員工受到第一次額外的批評和工作壓力後，他帶著那些額外的壓力回到工作中，於是產生錯誤的概率又進一步提高了一點點，並犯下更多的錯誤，製造更多的額外麻煩。同時這些麻煩也繼續受到批評和製造更多的工作負擔。

現在，他們的心理狀態變得更加糟糕一點了。

你可能已經看出，這已經構成一個循環。員工們帶著更大的壓力繼續工作，犯錯的概率繼續提高，而每一次犯錯又帶來額外的工作量，並讓整個部門的工作變得更加混亂。

所以，儘管部門的混亂度在一開始是接近於零，但是在一次又一次的循環之後，混亂度逐漸增大，一，三，七，十二，十八，三十五，六十七，一百……最終，整個內勤服務部門崩潰了。

從線性的角度，這是無法理解的：為什麼原本為零的混亂度逐步漲到一百？當它最開始增長到一的時候，僅僅是一些偶然的員工工作失誤——誰還沒有一點失誤呢？下次注意一點，這個偶然因素消除以後，不就會回歸正常了嗎？但動態循環導致系統的初始狀態快速變化，實際的混亂度極可能像下頁圖十九那樣發展。

我們可以猜想，在此期間內勤部門經理都思考和做了些什麼。

一開始，他會認為自己的裁員規劃沒有問題，因為是按照嚴格的數學和邏輯計算出來的。既然大家原本有二五%的時間在偷懶，現在減少這些偷懶合情合理，也是公正的。

當出現一點點小問題後，他會認為這是偶然因素，過一段時間就會自然消除。當然，他

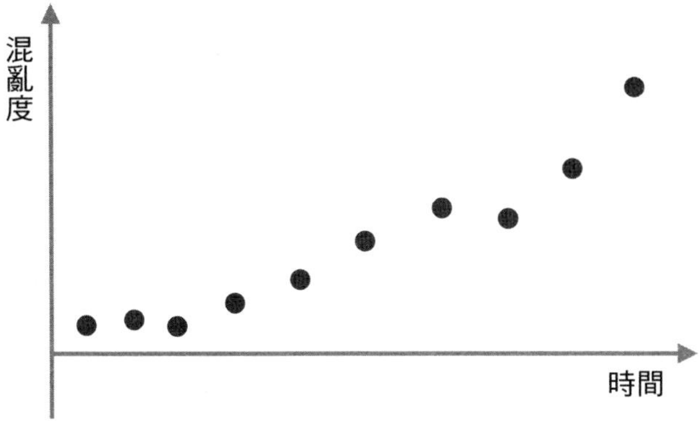

圖十九

也會開會提醒大家要認真、細心地工作，消除這些錯誤。

等到他發現問題越來越嚴重時，他會既困惑又憤怒。他困惑為什麼大家的犯錯率變高、效率降低了？於是他嚴厲批評那些出錯的人，讓他們端正態度，又或者進行某種業務能力培訓以提高效率。

但這些措施都沒有用，而且他自始至終都不知道為什麼會這樣。

沒有原因的果

以上複雜的案例可以用一幅簡潔的圖形來表示，如下頁圖二十。

圖二十的這幅圖叫「系統動力圖」，灰色的箭頭意義為產生影響、造成結果、原因，

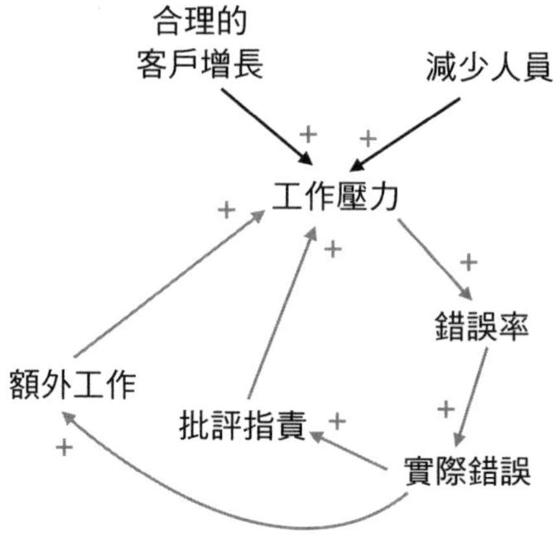

圖二十

「＋」號表示促進、加強，箭頭與「＋」一起，表示產生加強和促進作用。例如，從「實際錯誤」到「批評指責」的箭頭和「＋」號，表示員工們產生的實際錯誤造成外界對他們的批評指責增加。

現在我們來看一看這幅系統動力圖。灰色線條構成了循環，這個循環即是上文所說的不斷增長的惡性循環。黑色箭頭表示的是循環的外部事件。這個循環的外部事件，我們認為它是合理的，不應該造成負面結果；即便由於偶然因素造成一些小小的負面結果，它也會自然消除。但在這個系統中，偶然的外部擾動會造成系統循環的開始，而這個循環一旦開始並不斷惡化後，即便外部擾動停止也無法讓系統重新恢復平衡，即無法自然終止循環。

比如，一開始由一些額外增加的客戶引發灰色的循環，讓員工們的錯誤變多、效率降低。一段時間後，這些客戶流失了，客戶數量變得和以前一模一樣，那麼部門的運作是否能恢復到之前的正常狀態呢？有可能不行，因為現在員工的效率已經比之前更低了。

這種複雜的演變，不同於一般的線性邏輯和運算，它會帶來意想不到的結果。

我們對因果邏輯的認知需要改變。

一般的因果是線性的，先有因，後有果。在上面案例中，裁員二五%引發了後面的混亂，看起來它就是原因，而後面的混亂是結果。但是根據數學計算，這個比例很合理，二五%的裁員並不能構成原因。

再者，如果裁員並沒有引起問題，而是偶然的客戶增加引發了循環的啟動，那麼客戶增加是這一切的原因嗎？可是等到客戶數減少到原來一樣的數值後，問題卻依然存在。因不在了，果卻還在？這也說不通。

難道因是憑空產生的？因是一片虛無？其實你可以這樣理解：

原因不是哪一個節點，而是整個系統。

意即不存在傳統的線性原因。在傳統的因果中，邏輯是線性的，是有頭有尾的。頭部是因，尾部是果。但在系統中，邏輯是一個圓環，無頭無尾。在這裡，沒有傳統的因果。

只要此系統是這樣架構和運作的，那麼結果的出現就是大概率事件。那些不構成原因的事件偶然出現然後又消失，就可以讓系統運轉起來然後產生一系列結果，看起來就像是出現了幽靈，不知道什麼是原因，或者沒有原因直接就出現結果。

互為因果

上面的案例中，不是原因的原因造成了結果；在其他情境中，有時候還會出現因果互換的情況。

在學校裡，如果學生成績不佳，由於主管考核、輿論壓力、教師的自我價值等原因，老師的壓力就會變大。當學生成績退步時，老師經常會選擇向學生施加更多壓力，因為老師期望的是下列的連鎖反應：

學生成績退步—老師壓力增大—老師向學生施壓—學生學習動力加強—學生學習時間變長—學生成績提高—老師壓力減小。

以系統動力圖來表示如下：

下頁圖二十一中，四個「＋」，一個「－」，表示一個負反饋循環（一種有平衡傾向、

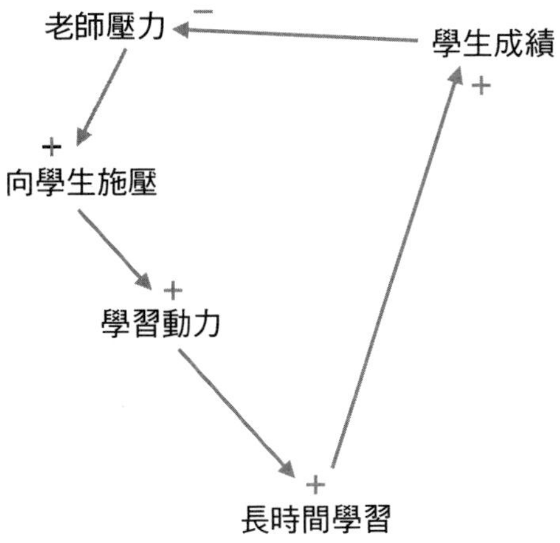

圖二十一

不會無限增大的循環）。我們可以將二十一圖稱為「壓力—動力循環」。

但對學生來說，他未必按照上述循環進展。當他感受到來自老師的壓力後，他會產生負面情緒，進而產生逃避行為，減少學習的時間，然後又成績惡化，最終老師的壓力增大，然後又導致老師給他施加更大的壓力……

下頁圖二十二可以叫作「壓力—逃避循環」。圖中有四個「＋」，兩個「－」。「－」是正負的負號，不是減法。負負得正，因此圖中表示一個正回饋循環，即無限增大循環。老師因為感受到壓力而採取某種行動，最終卻繼續導致自己壓力增大。對部分處於青春期、成績不優異、與老師有衝突、感受到巨大壓力的學生來說，這張圖就是他們的真實寫照。

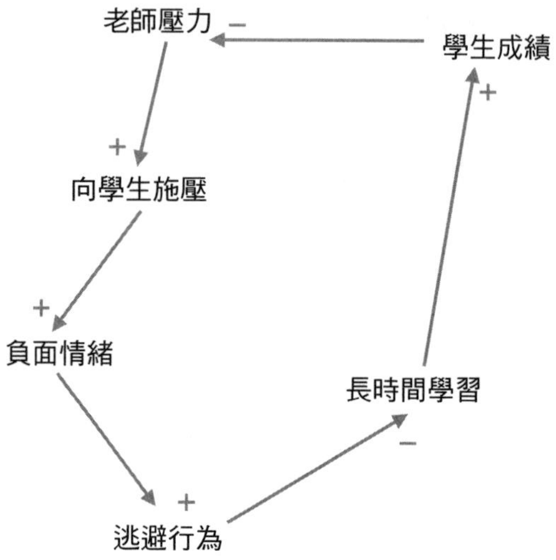

圖二十二

在這個系統中老師會認為：

因為學生成績很差，所以老師們感到很有壓力。

這在最開始是正確的，但他們可能想不到，一旦這個動力系統運轉起來，就又多了一個因果：

因為老師們感到有壓力，所以學生的成績更差了。

老師的壓力與學生的不良成績，到底誰是因？誰是果呢？從整體來看，這是一個系統動力的循環，這些事件互為因果。

第三節　系統的非常規特性

系統視角下，世界有新的規律

因果是我們認知世界的基礎，在一個系統中，如果基本的因果關係都被改變了，這個系統也一定會有很多其他反直覺的特性。如果我們想擁有應對複雜世界的系統思維能力，就需要瞭解這些不合常規的特性。

1、注重理解系統各個部分之間的聯繫

我們理解世界的方式經常是分解型的、還原型的，這種理解方式假設整體等於部分之和，只要理解了各個部分，整體也就被理解了。

這和我們接受的教育有關，現代教育體系注重分科，而現代科學研究最常用的方法就是

不斷分解。物體分解成分子，然後分解成原子、質子、夸克……這種分解型的理解方式也被帶到人文世界裡。麥肯錫顧問公司賴以成名的結構化思維和MECE（彼此獨立，互無遺漏）就是分解的典型。

系統思維則要求我們時常留意各個部分之間的關係，認為系統並不等於部分之和。分解型的思維在某些場合下是有效的，它讓事物得到簡化。但有時候它簡化得過度，於是結論失真、方法失效。有些系統的不同部分之間有緊密聯繫，一旦把這些聯繫切割開來，系統就不再是原來的樣子了。

比如，一隻貓可以跳六十公分高，你把牠切割成兩半，每一半並不能跳三十公分高。再比如，在內勤服務部門的案例中，公司的總盈利目標被分解為增加收入和減少成本，銷售部的任務是增加收入，內勤服務部的任務是減少成本，但內勤服務和銷售之間其實有某種聯繫，並不能這樣簡單分隔。

2、部分與整體的差距，可以是數量，也可以是性質

既然整體並不等於部分之和，那麼其中的差距是什麼？答案是，可以表現為數量差距，也可以表現為性質差距。

假設一個營的士兵戰鬥力為五百，那麼兩個營的戰鬥力有多少？是一千嗎？如果這兩個

營一個在非洲，一個在亞洲，相互之間無法聯繫，也許五百加五百就等於一千。但如果他們之間存在某種聯繫，數值的加總就會有變化。也許他們有精彩的戰術配合，能夠表現出一千兩百的戰鬥力；也許他們相互競爭勾心鬥角，戰鬥力下降為七百。在籃球、足球等團體遊戲中這種效應尤其明顯，大牌明星聚集一堆也未必能夠贏得冠軍。

有時候連性質都會發生變化。被分割開的貓只是幾個血淋淋的肉塊，而完整的貓卻是能跳能叫的可愛寵物。

3、系統思維是動態的

靜態的事物理解起來更容易一些，但動態的系統才是世界頻繁展現出的樣貌。

還是來看內勤服務部的案例。根據部門主管的測算，削減二五％的人員是不會造成問題的，或者只會有一些無關輕重的小問題，這種預估就是靜態思維，也是我們很容易根據基礎算術得到的結論。但動態的系統會改變這個效果，經過一次次的循環，第一輪、第二輪……第N輪，微小的效果會逐步放大成大災難。

4、系統思維中的因果是循環、模糊的

正如我們在上一節看到的，在相互關聯、動態變化的系統中，因果會變得模糊。

一個簡單的循環系統，A—B—C—A—B—C—A……就可以讓因果混亂。A是B之因，B是C之因，C是A之因，所以A成了A之因，所以B也是A之因。又或者，並不存在一個根本性的原因。

上述特點在前面幾節中已經詳細提到，這裡不再贅述。但我想補充一點，系統思維的更高視角不僅能幫我們解決問題，也會帶來巨大的世界觀衝擊，道德、責任、意義等概念都會發生變化。你會意識到，人類目前的道德觀還有很大的爭論與改進空間。

當我們站到系統的高度上，熟悉的特性、因果都被顛覆了，我們思考和解決問題的方法自然也要變化。這引出了一個問題：我們該如何站在更高的層面上解決問題？

第四節　從更宏觀的角度解決問題

根據系統智慧，做出大膽的反常行為

現在我們已經理解，在特定的系統架構下，既可以無原因地憑空產生結果，也可以因果互換和循環。對於複雜的因果所產生的問題，我們如何處理？

答案是：**改變系統架構**。

在系統動力圖中，有一系列的節點和箭頭，箭頭代表系統內部的能量流向。這些節點和流向就是系統的基礎架構。只要節點和能量的流向不變，系統就不會改變，結果就不會改變。為了改變結果，我們要改變這些節點和流向。

首先要區分節點和流向是否能夠改變。

例如在內勤部門的案例中，從「工作壓力」到「錯誤率」是不可改變的，因為工作壓力

必然提高錯誤率，所以不用管它；從「錯誤率」到「實際錯誤」，也是不可避免的，同樣不用管；還有從「減少人員」到「工作壓力」，從「客戶增長」到「工作壓力」，從「批評指責」到「工作壓力」，從「實際錯誤」到「額外工作」，都是不可避免的。

剩下的一些節點流向則是可以控制的。例如，從「實際錯誤」到「批評指責」，部門主管可以選擇不對員工進行嚴厲的批評，這個流向就改變了。從「額外工作」到「工作壓力」也有調整的空間，比如可以請臨時工作人員等。另外，「減少人員」這個點也是可以調整的，部門主管可以從一開始就不減少人員，或者不要減少那麼多。

為什麼「減少人員」這個節點可以調整，而其他的節點就不能調整呢？諸如「工作壓力」、「錯誤率」、「實際錯誤」等。因為「減少人員」這個點是懸浮的，它的上游沒有一個必然性的東西去推動它。而其他的點上游都有一個推動力，這就造成了結果的必然性。就像你處於人群當中，當後面的大量人群在推著你的時候，你會不得不跟著向前走。

當然，下頁圖二十三還有一個懸浮的點：「合理的客戶增長」。既然是懸浮的點，當然也是可以改變的。不過「客戶增長」實在是太誘人了，一般我們選擇不去改變它。但我們也會聽一些優秀的企業家這樣分享經驗：「有時候我會故意放慢增長的速度，因為慢就是快。」這個玄奧的說法背後其實有系統思維的運作。

接著，就去改變那些可以變化的流向和點。

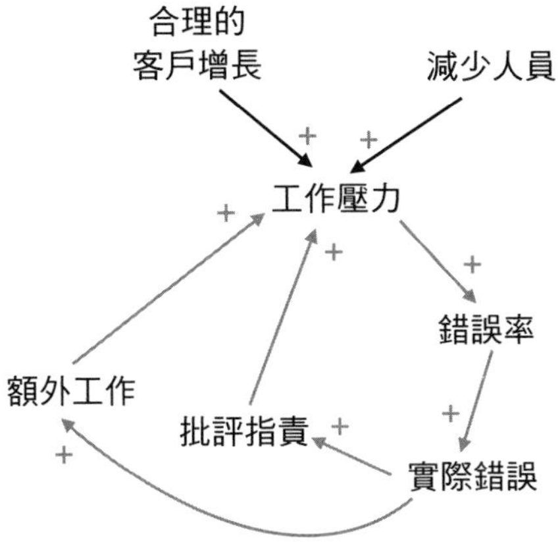

圖二十三

在「減少人員」這個點上，內勤部門主管可以在最開始就選擇不要減少人員，或者不要減少那麼多。你留出一部分額外工作力，就為系統提供了緩衝空間，不會因為一點偶然的擾動就啟動整個系統的惡性循環。

從「實際錯誤」到「批評指責」這個流向也是可以改變的。在意識到系統的問題後，主管應該忍住發脾氣的衝動，甚至應該主動安撫寬慰員工、減輕他們的壓力。這當然要求主管有更高的修養，這是必要的道德，更是基於系統思維的必要智慧。

從「額外工作」到「工作壓力」，主管也可以選擇打破這個流向。在出現額外的工作後，主管可以去其他部門臨時借調幾個員工過來，或者招聘一些臨時員工。對這個流向進行攔截後，「工作壓力」會減小，同時為修改系統的其他部分爭取時間。

其實還有一個地方可以處理，即「工作壓力」這個點。儘管在上述系統中，工作壓力被其他要素推動著，但可以從系統外部去引入新的要素來解決問題。比如，部門主管可以選擇為員工們預訂減壓按摩上門服務——當然是正規的、不是明令禁止的那種。

這是一個真實有效的方法，有些公司的老闆就真的這麼做，他們預訂專業的按摩師來公司，輪流為員工們按摩放鬆。但乍一看這個邏輯非常奇怪：

> 因為員工們表現得很差，工作效率低、犯很多錯誤，所以主管要為他們提供一種福利：免費減壓按摩。

員工表現得太差了，所以要為他們提供一些福利？在線性邏輯下這是不可想像的、荒謬的，但在系統思維下它確實是個切實可行的巧妙辦法。為了解決問題，你需要很多像這樣智慧而大膽的行為。

總結來說，利用系統思維來解決問題主要有以下步驟：

第一步，繪製系統動力圖。哪個因素推動了哪個因素？是增加還是減少？哪些節點和流向構成了循環？這是個會導致無限強化效果的正反饋循環，還是個會導致平衡制約作用的負反饋循環？關於系統動力圖的更多繪製技巧和技術細節，可以關注微信公眾號「人生策略師」，回覆「系統動力圖」查看。

第二步，辨識可以調整的節點和流向。一般來說，涉及人的價值觀、信念、思維方式和情緒的東西都是可以改變的（儘管有時候也很難），比如犯錯要受到批評是一種信念，它是可以改變的。而生理性、物理性的規律則不容易改變，比如疲勞的大腦容易犯錯，老化的機器一定效率低。

第三步，改變可以調整的節點和流向。那些製造問題、讓問題越來越嚴重的循環，你應該堅決打斷它，而關鍵節點和流向的改變是重要的手段。正如第二步中提到，這種能改變的東西往往與信念、情緒、思維方式有關，而人們一般又傾向固守自己的信念和思維。但如果你想要登上更高的層面，你就需要打開自己的大腦，塑造一個開放的心智，敢於並習慣承認自己的局限與錯誤，然後做出與眾不同的決定。

第五節　良性循環是怎樣構造出來的

設計系統結構，做一隻無形的大手

構建良性循環的兩個步驟

之前的幾個案例都是負面、系統運作帶來問題的案例，那麼有沒有正面的案例呢？當然有，系統循環不僅會帶來問題，也可以為我們提供幫助。

先來看一個簡單的案例。

當企業獲得初始的投資以後，它產出產品，銷售給客戶，得到一定資金。接著，要把資金用於產品研發改良，於是更多的客戶購買產品，於是得到更多的資金。再接著，更多的研發投入，更好的產品……如此循環下去。基本上所有發展良好的企業都擁有這個循環。

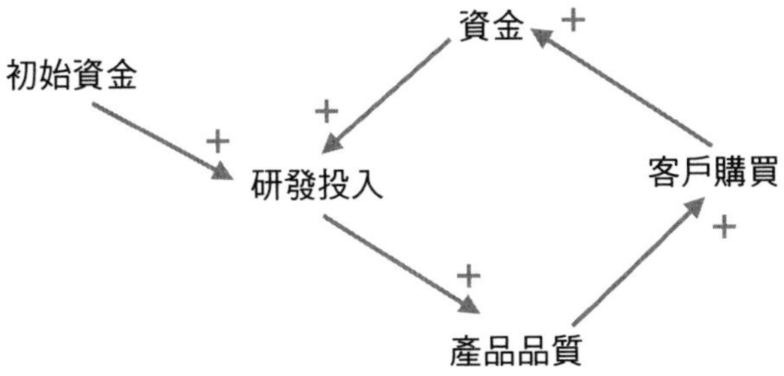

圖二十四

如圖二十四所示，這是個簡化模型，因為資金不僅能促進研發投入，還能促進銷售管道開發、後勤保障等，所以真實情境稍微複雜一些，但原理是類似的。

如何構建這個良性循環？首先是要對這個循環系統的架構很熟悉。在上述案例中，架構比較簡單，也符合人們的常識，所以在大腦中把它構建起來並不難。但更重要的是，要意識到它的價值和重要性，並克服一些本能的弱點。

當這個良性循環跑起來以後，大家應該珍惜它，因為每經過一次循環，它的威力就會加強一點。儘管最初的幾輪可能不那麼明顯，但它會逐漸變得如同高山大海一般令人震撼。我們需要抵制一種衝動，就是把銷售獲得的資金立刻用於分紅享用，揮霍於名車豪宅間。這種做法在中前期非常有誘惑力，因為中前期的系統威力尚未體現出來，給人一種即便投入研發改進也不會有太大利益的感覺。我們要以冷靜的系統思維去克制與平息這樣的衝動。

我有一個開設培訓機構的朋友，以很少的資金起點，在短短三年間做到了千萬的收入，而且還是在一個三線小城市。他很理解上述的循環帶來的威力，他不急於把收入兌現以提高自己的私人生活水準。他說：「這幾年賺了不少錢，但我的個人物質生活並沒有明顯提高，幾乎所有錢都用於再投資。可是我根本不著急，因為後期的回報會更大。」

有一個觀念十分危險。有些人心想，我沒那麼大的野心，不需要讓業務無限增長，等到它發展到一個還可以的水準後就保持在那裡吧，可以享受生活了。這種想法就是忘記了競爭對手很可能就在使用這種越來越強烈的動力循環，以巨大的加速度發展著。當你應用這個加速循環的時候，你容易低估自己的未來前景；當你考慮競爭對手的時候，你容易低估他們在未來會對你造成的壓力。

總之，人類是短視的動物，容易低估事物的遠期威力。

總結一下，為自己構造一個良性循環，需要經歷兩個步驟：

第一步，在大腦中規劃一個良性循環的系統。你可以在紙上畫一幅系統動力圖，認真研究哪些因素會影響哪些因素，哪幾個因素之間是能夠連接起來的，形成一個不斷增強的循環系統。

第二步，按照規劃一步步地執行這個系統。在這一步你要注意，由於系統的特性，系統常常遠大於部分之和。所以在你完全構建好這個系統並循環幾次之前，這個系統的威力是暫時不會表現出來的。由於一段時間得不到回饋，你很容易在這個階段放棄努力，或者以犧牲未來更加猛烈的發展為代價，過早地享受起勞動成果。要知道，現在多享受一分，未來就減少了十分、百分。

設計一個良性循環然後去執行，這兩個步驟並不複雜。現在，我們可以一起來做一個練習：如何為自己構造出一個職業成長動力十足的良性循環系統？

練習：為自己設計一個良性循環系統

首先，我們為自己規劃一條良性循環的發展之道。我們在上班之餘努力學習各種知識、技能和思維能力，一段時間後，這會提高我們的工作能力，進而做出更好的工作成果。這些工作成果會為我們帶來更多的金錢，如加薪、專案獎金等。這些錢會對我們構成正面激勵，讓我們有更大的動力繼續學習更多的知識和能力，然後繼續這一良性循環。

然後我們按照這個規劃去實踐，實踐的時候會遇到兩個問題。第一是從「業餘時間努力學習」到「工作能力」增強，再到做出「工作成果」，需要一定的時間。一部分人沒有這個

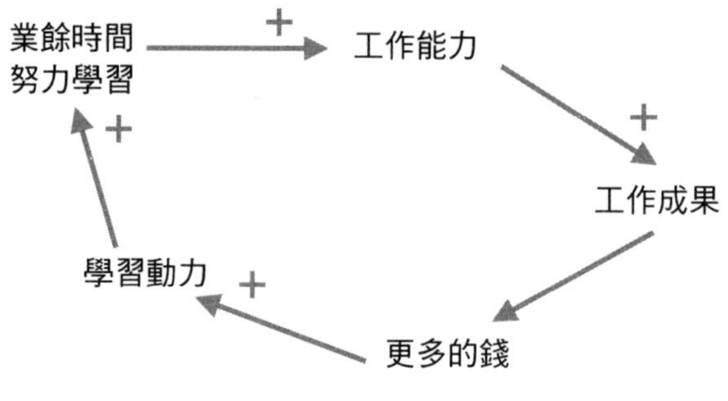

圖二十五

毅力堅持下去，早早就放棄。對於這類的人，你需要認識未來可以有多麼美好，也需要對自己、對正回饋的威力保持信心。

但更多的人會遇到第二個問題。當你賺到更多的錢以後，不僅會增加學習的動力，也會增加享受的欲望，這是人的天性。同時，工作產生的疲憊也會讓你不願意繼續努力學習。因此，很多人不能把這個循環無限地堅持下去，可能只開動一兩次之後就停歇了。

你看，實際情況比理論要複雜和困難，畫出來的系統動力圖也不一樣。下頁圖二十六中①號循環是我們希望建造的，它是個正回饋的良性循環，即無限增強的循環。但實際情況還會出現③號循環，這是個負反饋循環，它是產生平衡作用的循環，它不允許你無限增強，努力學習產生的疲勞會讓你不想持續努力下去。

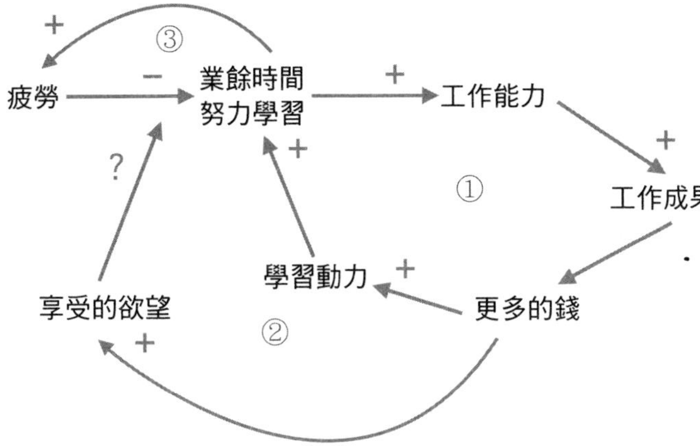

圖二十六

另外一個關鍵點在於②號是什麼循環，它對我們的努力學習產生了什麼影響？注意，②號循環是那個將①號循環包括進去的大循環，它的路徑如下：

業餘時間努力學習—工作能力—工作成果—更多的錢—享受的欲望—業餘時間努力學習。

一般來說它會產生負面影響，當你賺到更多的錢以後，你產生享受的欲望，去逛街購物買了一大堆不實用的東西；或者覺得不用太努力，可以通宵玩遊戲、看電影等。如果這樣的話，那麼享受的欲望導致的享受行為，就會減少你下一次的努力學習，形成一個負反饋循環。很多人感嘆，這就是人的劣根性啊。

這也是大部分人的常態，一個正回饋循環拖著兩個負反饋循環，增長乏力，人生無比艱難。有人把這種狀態總結為：間歇性宏圖大志，持續性混吃等死……

但問題是否就無解了呢？有人覺得，這種情況只能死拚意志力了，就是要強行忍住、堅持住。其實未必，意志力強當然是好事，但系統思維的智慧能給我們新的力量。

我們注意到，上頁圖二十六中從「享受的欲望」到「業餘時間努力學習」的箭頭旁邊是一個問號，它未必一定造成削減的結果。當取得初步的成果後，你產生了不可抗拒的享受欲望，但享受的方式卻是可以選擇的。

如果你選擇瘋狂購物、通宵玩遊戲或喝酒狂歡到半夜再拖著疲憊的身體回家，那就產生了一個負反饋，打斷原來的良性循環。但你也可以選擇享受一下，去做一個療程的按摩（再強調一次，是正規的那種）。專業的按摩師可以消除你的壓力，讓你身心放鬆，這絕對是一種享受。它的價格可能有點貴，比如一個療程幾次按摩要幾百上千元，是你平時捨不得花的錢。但是既然取得了初步的成果，賺了更多的錢，你就可以這樣享受一把。

當你享受完了以後，疲勞也降低了，於是又可以投入到努力學習成長中。現在你發現，上面的循環已經變了②號循環稍微更換了一點流向，並從一個負反饋循環變成正回饋循環，如下頁圖二十七所示。

於是情況變成兩個正回饋循環對抗一個負反饋循環，你前進的速度大大地加快，甚至還

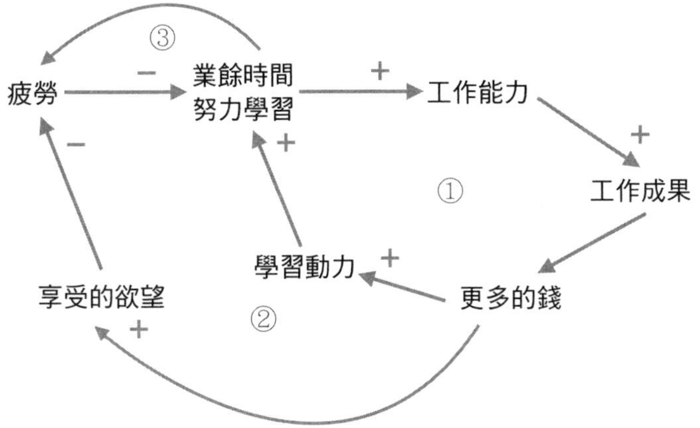

圖二十七

比以前更加輕鬆了！現在你應該可以理解，那些最優秀的人未必活得很辛苦，他們可以既勤奮努力又輕鬆愉快。

這樣巧妙的操作還有很多。為了學習，你可能會去外地參加培訓，培訓費用已經不便宜了，資金不充裕的人會選擇在交通和住宿上節省一點。但經過之前的努力賺取了更多的錢以後，你可以在下一次參加學習時選擇住更舒適的酒店，或者搭乘高鐵商務艙、飛機頭等艙等來使旅途更舒服，這也是一種奢侈享受，但是它能減少你的旅行疲勞，讓你學習得更好。

面對難以抵制的享受欲望，你總要找個途徑發洩出去。如果你為自己買一個昂貴的輔助睡眠裝置，或者購置幾款提高效率的工作軟體，那麼你給一個白癡遊戲加值一千元的衝動就會減小。對於享受的欲望來說，前者與後者區別不大，但前者能使你維持不斷成長的良性循環，而後者則會拖累你，讓你停滯不前。

比別人發展得更好還享受得更多，這就是系統思維的智慧。

本章結語

顛覆線性因果，系統結構帶來反常規的智慧

本章講述系統思維，它原本是生態思維的一種特殊情況，但由於有更複雜的運行邏輯，無法被合併到生態思維一章中，故單列出來詳細講解。

系統思維如生態思維一樣強調事物間的聯繫與相互影響，但它比生態思維更加複雜，它顛覆傳統的線性因果關係，形成了新的系統特性。在系統思維當中，最重要的可能不是某個短線條的因果，而是整體的系統結構。這種超越常規邏輯的特性，是深度思維中較難理解的部分，但又是極為有用的部分。

一方面，它能夠找到一些問題的複雜成因，在更高的層面上解決問題；另一方面，它又能以精深的智慧評估形勢，以大膽、反常的行為開創局面。它將我們的格局和境界帶到高遠的地方，如同雲端之神俯視大地。它也平靜地向我們指出，人類對思維、道德、意義等概念的理解有很大的局限，還有很大的發展空間。

第七章　大勢思維

——與天地同力的思維方式

與宏大的趨勢相比，個人的力量是渺小的，只有借助趨勢的力量才能在人生中乘風破浪。如何識別趨勢並站在趨勢之上，是每個想要成就自己的人所要學習的重要課題。

第一節　時來天地皆同力

借助趨勢，還是被趨勢吞沒

古代詩人羅隱說：「時來天地皆同力，運去英雄不自由。」

小米創始人雷軍說：「站在風口上，豬也會飛。」

荀子說：「君子生非異也，善假於物也。」

偉大的人需要借助外物的力量，而最強而有力的，莫過於趨勢的力量。在時代的巨輪面前，抵抗者往往淪為塵埃；在趨勢的浪潮之上，平凡者也能一步登天。

如果你翻閱中國的富豪排名，會發現非常顯著的時代特徵。二十年前，中國的富豪大部分都是搞能源礦產的，煤礦、鐵礦等；十年前，中國的富豪大部分是經營房地產的；現在，中國的富豪大部分是做互聯網的。我們還可以預測，未來幾十年，中國的富豪可能都是發展人工智慧的。

對於中國目前的頂級互聯網企業，你去看一看他們的成立時間，也能發現很明顯的時代特徵。網易是一九九七年成立的；騰訊、京東、新浪是一九九八年成立；阿里巴巴、攜程是一九九九年；百度、搜狐是二〇〇〇年。這麼多偉大的互聯網企業，就密集集中在這短短兩三年時間。而在二〇一〇至二〇一二年這個區間內，又密集出現了小米、美團、今日頭條、滴滴等頂級企業。

為什麼頂級企業不是均勻分散在各個年份，而要在特殊的時間區域內出現？因為這個區域恰好是某個大趨勢的起點。一九九七至二〇〇〇年左右，是中國互聯網的起點；二〇一〇至二〇一二年左右，則是移動互聯網的起點。在宏大的趨勢之中，才有偉大的大企業。

對於已經站上風口浪尖的人物和企業，我們容易放大他們的個體能力而忽視他們雙腳站立其上的趨勢。時至今日，阿里巴巴已經是中國的頂級企業，進入阿里巴巴的都是頂級人才。但十幾二十年前阿里巴巴剛成立的時候，中國的頂級電腦人才根本不屑進入這樣的小公司，都去了微軟、Google 等當時的巨頭公司，阿里巴巴只能糾集一幫無法進入頂級公司的次級人才創業。可就是這樣的一家公司，依然一步步走上了浪尖。難道是由於最初那些無法進入大公司的創始團隊恰好特別偉大？顯然，**真正偉大的力量是時代的趨勢**。

企業如此，個人也是一樣。

一九八四年左右，一個北京人看到中國的落後與國外的繁榮，以三十萬人民幣賣掉一座四合院，湊到三十萬元出國去歐洲辛苦打拚事業。三十年後，這個北京人累積了大約一百萬歐元（大約七百八十萬人民幣）的「巨額財產」，回國一看，當年的四合院已經售價一億人民幣。這個特定的個案未必是真實的，但類似的真實案例你肯定聽過很多。

二十世紀九〇年代末期，中國人開始流行去美國讀書發展。那時出國不容易，去美國尤其難，只有北京、上海等發達城市的頂級優秀人才才能出得去。那些不太優秀、沒資格去美國的人只好留在北京、上海本地發展，閒著沒事只能買房玩兒了，反正當年的房子很便宜，於是一間兩間三四間……你也知道北京、上海的房價現在怎麼樣。其他不談，僅以個人資產的角度來看，似乎命運與某些聰明人開了個大玩笑。這並不是勸你去投資房地產，只是說明趨勢的力量。

一位早年清華畢業的優秀人才進入一家鋼鐵廠，從中低層職位做起，吃苦耐勞，一步步走向中高層管理職，經過二十年的磨練最終成為鋼鐵廠最高管理者。上萬人被他管理得有條不紊，幾十個部門和十幾條生產線也都層次分明，其個人素質、能力和努力程度都算是人中龍鳳。然而，現在這個鋼鐵廠每年都處在虧損的邊緣，他作為虧損企業的最高領導人，一年收入也不過三五十萬人民幣。

一名浙江的高中輟學生無所事事混跡社會，為了混口飯吃把當地服裝企業的尾貨拿到網路上去賣，結果不足十年就搞出一個幾千萬營業額的淘寶店，年淨利潤接近一千萬人民幣。無論是努力程度、智力水準、社會影響力還是人脈資源，他都與幾十年前的老清華畢業生相差甚遠，但是他卻過得更加滋潤。

趨勢的一個妙處在於，每個人都在某個趨勢中，每個人的命運都隨著趨勢上下起伏、翩翩起舞，想逃也逃不掉，想避也避不開。就像大海中的魚蝦，難免被海浪席捲，被洋流推動。魚必須學會如何與潮流打交道，這不是牠可從容選擇的昇華修養，而是必修的生死存亡之道。

人又何嘗不是如此？

在趨勢的力量面前，個人太過渺小。誇張一點說，順趨勢者生，逆趨勢者死；識趨勢者智，不識趨勢者愚。所以我們常常聽說，選擇比努力更重要。不論是有意還是無意，如果你選擇了一條趨勢所向的道路，你成就自己與事業的概率就會提高很多。

如果你準備努力經營自己的人生，讓自己發展得更加順利，就像是天地與你同力、冥冥中宛如神助那樣，那麼你應該努力學習一下這種思維方式——大勢思維。

第二節　抓住趨勢的本質

趨勢不是瞎猜，是掌握規律

既然順應趨勢、與趨勢共舞這麼重要，那怎樣才能發現趨勢呢？要想發現趨勢，我們首先要明確知道什麼是趨勢。

趨勢的本質

字面的解釋是，趨勢就是事物發展的動向。不過這個解釋容易給人一個誤解，好像發現趨勢就是預測未來。

到底要如何預測未來呢？那就很麻煩了，有點玄學的意思。在股市裡面經常有很多預測大師，一會兒說這個股票明天要漲停，一會兒說大盤未來幾個月要連續上漲。那些聽信大師預測的人會哭著告訴你，這樣的預測多麼不靠譜。

然而有些對未來的預測看起來又很準確。比如二〇〇〇年初就有人預測，未來是互聯網的世界，傳統社會的一切都會被互聯網顛覆，這個預測今天已經實現了，它是正確的。今天我們也能夠預測，未來的世界一定是人工智慧的世界，這個預測基本上也是不會錯的。

那麼發現趨勢是否等於預測未來？為什麼有些預測是可行的，有些預測就是瞎扯？那些瞎扯的預測和合理的發現趨勢有什麼區別呢？

要想解決這些問題，我們需要瞭解趨勢的本質，看到事物往某個方向發展只是現象。在這裡我先給出對於趨勢的本質性定義：

趨勢，是因為某種內在規律導致未來的大概率或必然走向。

在上面的定義中有一個核心關鍵字：內在規律。這個詞是趨勢的核心，也是讓趨勢區別於一般預測的關鍵點。預測也許是瞎猜的，只有基於某些深刻規律的未來走向預測才能稱為趨勢。

根據這個定律，你可以把趨勢和另外一個相近的概念進行區分：風口。

雷軍說，站在風口上，豬都能飛。自此以後，風口這個概念就火起來了。所謂風口，就是指非常火熱，有很多人爭搶的東西。風口看上去很像是某種趨勢，而且還往往很強烈，但風口和趨勢是有區別的。可以說，趨勢必然會造出風口，但風口未必是趨勢。

其區別在哪裡呢？就是背後有沒有什麼內在規律。有些風口的形成背後是沒有什麼強烈規律的，只不過是部分人的一時興起和盲目跟風。餐飲行業曾經出現過兩個風口，第一個是線上訂餐，就是網路上叫外送；第二個是生態餐廳。什麼叫生態餐廳呢？就是說，餐廳不在都市裡弄得方方正正的很現代化，要在自然風景很好的地方做，或者要製造出秀麗的風景，像是樓閣亭台、流水假山，很有情調，甚至還能親手種一些菜，體驗一下澆水、採摘的感覺。

第一個風口，大家都知道最後做成了，出現了美團、餓了麼（編按：中國網路訂餐平臺）等巨頭企業，我們可以說這是一個趨勢。但是第二個風口很多人連聽都沒聽過，因為它失敗了，而且失敗得很徹底。

為什麼會有這種差別呢？很簡單，因為第一個風口背後是有邏輯、有規律的，那就是為顧客提供便利。偷懶的人可以不出門吃飯，手機上點幾下就能省掉吃飯路上花費的十幾二十分鐘時間，碰到下雨下雪或者高溫就更划算了，畢竟待在家裡總比出去淋雨好。但生態餐廳這個風口背後有什麼規律嗎？你很難找到。我們吃飯要求的是更乾淨衛生、味道更好、價格更實惠，這些最本質的東西生態餐廳都沒有。至於用餐環境，一般餐廳現代化設計也很好啊，何必非要流水假山呢？所以，這種缺乏規律支撐的風口很快就消散了，再也不被人記起，當然，追風口投資虧損幾十幾百萬的人可能會記得一輩子。

案例：大國運趨勢下的電影行業新動態

趨勢，一定要有規律和邏輯支撐，否則就不叫趨勢。比如時裝潮流不是趨勢，因為時裝的流行很難找到穩定的規律與邏輯。某個歌星穿了件特別的裙子，於是這個款式的裙子一下就爆紅；第二天這個歌星爆出醜聞，於是這個款式的裙子一下子又熄火了——這都是偶然事件。今天出來一個當紅小鮮肉，明天會出來一個俏皮美少女，這也不是趨勢。

但這並不是說娛樂行業就沒有趨勢，當然也有，只要有規律就行。比如電影是娛樂行業的典型，判斷一部電影會不會紅、電影投資人要不要投資，就有一定規律可循。吳京自導自演的《戰狼2》創造了中國目前的歷史最高票房，但是在拍攝之前，很多投資人並不能預知這一結果。吳京這個人雖然很能幹，但畢竟之前沒有特別好的票房業績表現，所以很多投資人猶猶豫豫，不知道這個電影能不能紅，有的最終沒有投資。等到票房出來以後（超過五十億元人民幣），這些人估計腸子都悔青了。

實際上，《戰狼2》的成功並不難預測，因為背後的規律很深刻，也不難看出來。隨著這幾年中國實力不斷增強，歐洲和日本諸國的實力不斷衰退，目前，中國已經是世界第二大經濟體，僅次於美國。在可預見的未來，世界格局必然是中美爭雄，甚至很多人預測中國將會成為世界第一。從落後挨打一百年，到逐步登頂世界最強國，中國人在經歷劇烈的民族自信心復甦，這種自豪感溢於言表，在整個社會的方方面面都熱烈地體現出來。所以《戰狼2》這部凸顯中國實力、宣揚愛國情懷的電影，非常契合整個社會的情緒趨勢，很容易大熱。

那麼，如果幾年後吳京再按照類似的套路拍攝《戰狼3》效果會怎麼樣呢？市場不斷變化，曾經管用的套路以後還會繼續管用嗎？

我的判斷是，還會繼續有效。只要影片本身品質好，雖然未必能稱霸票房榜，但也不會差。為什麼能做這樣肯定的判斷？因為剛才說的趨勢還在。中國逐步登頂世界的趨勢還在進行中，持續的時間會很長，會有至少幾十年的進程。在此過程中，政府希望能夠有宣揚國家實力的電影，因為民眾批評國家、富人向海外轉移資產、學術精英移民國外等事情讓政府很心煩；民眾也希望看到讚美國家實力的作品，因為民族自信心、自豪感還在不斷膨脹，還需要情緒宣洩。兩股強大的力量共同決定了這種主旋律電影依然會很有市場，直到類似作品氾濫，民眾的情緒轉變。（就在本書出版編輯的過程中，上述判斷已經被驗證了。另一部反映中國實力與民族自信心的電影《紅海行動》，票房超過三十五億人民幣，成為僅次於《戰狼2》的中國歷史第二高票房紀錄。）

第三節　能夠創造趨勢的強大規律

這些規律，能改變無數人的命運

現在我們已經很明確，趨勢不是看起來很火很熱鬧的風潮，而是有某個強大規律支撐的趨向。但是顯而易見，並非每個規律都能塑造趨勢，只有一部分才行。那麼是哪一部分呢？一個基本的判斷準則是：

越是強大、深刻的規律，就越能造就宏大、確定性的趨勢。

由此，如何發現趨勢就變成了兩個問題：

1. 有哪些常見的強大深刻的規律？
2. 如何發現那些強大深刻的規律？

這兩個問題都不好回答，假如能夠完美回答這兩個問題，恐怕就成為人類史上數一數二的偉大人物了。受限於自己的學識與經驗，我只能初步提出一些我觀察到的、能夠創造趨勢的宏大規律給大家參考。

馬太效應

「凡有的，還要加倍給他叫他多餘；沒有的，連他所有的也要奪過來。」

——《新約．馬太福音》

富裕者容易賺到更多的錢，貧窮的人則傾向於一直貧窮下去；有一定名氣的人很可能會更加出名，沒沒無名的人則容易一直沉默。《道德經》也提到：「人之道則不然，損不足以奉有餘。」

總之，強者越強，弱者越弱。

強大的馬太效應

有些時候，在同一個事物身上會出現不同規律的衝突，就像有兩個人從不同方向推一個物體。這個時候，知道有兩個人在推箱子沒有太大意義，你得知道哪一個人的力量更大才行。當兩個相互衝突的規律在推動同一個事物的時候，你需要知道哪一個規律更強大。

馬太效應的厲害之處就在於，它往往比其他規律更加強大。當它和其他規律起衝突時，往往能夠覆蓋、推翻其他規律。

讓我們來看一個例子。幾年之前有些「大師」預言，中國未來的城市發展會向大城市凋落、小城鎮發展的方向進行。為什麼呢？他們提供了幾個看起來非常有道理的理由。

第一，大城市有嚴重的大城市病，空氣汙濁、自然風光差、交通擁擠、房價昂貴、競爭激烈等，並由此導致一系列的生理、心理疾病，這讓很多人都討厭在大城市生活；

第二，隨著淘寶等網站和配套物流的發展，在小城市也可以買到多種多樣的商品，絲毫不亞於大城市；

第三，隨著高鐵和航空的發展，小城市也不用擔心出行不便，大城市的遠端交通優勢逐步喪失；

第四，隨著互聯網的發展，小城市也能夠快速獲得大量資訊了，與大城市相比完全沒有劣勢；

第五，由於交友是網路化、社區化的，日常溝通用網路進行即可，每年進行定期定點聚會，所以交友也不必局限於身邊的人，小城市與大城市沒有區別。

……

基於以上種種理由，他們推斷，大城市的人口會越來越少，房價也會隨之暴跌，而很多環境優美的小城鎮則會逐步繁榮起來。

這些理由看起來都很有道理啊，每一條似乎都非常正確。尤其當這些理由出自某些「大師」之口時，人們就更加容易相信了，於是有些人紛紛賣掉北京、深圳等地的房子，搬去小城市發展。這些事情大概發生在二〇一三年左右。

後來的事情大家都看到了。從二〇一四年到二〇一六年，北上廣深等大城市的房價不但沒有跌，反而暴漲了一倍！大城市的房產持有者經歷了一輪罕見的資產暴增，湧現出大批的千萬富翁、億萬富翁。那些聽信大師預測早早賣掉一線城市核心房產的人，也不知道心裡是什麼滋味兒。大約只能安慰自己：「大師說了，要心平氣和，不要貪婪……」

不僅房價短期暴漲，而且可以肯定地說，「大師」們對於大城市人口流向的預測，從長期來看是完全錯誤的。一二線城市將會保持人口持續的湧入（除非政策限制），甚至發展成大型、超大型城市群，比如長三角城市群、京津冀城市群、武漢城市群、成渝城市群等。總之，農村和小城鎮很大的機率會持續凋零，而核心城市整體上則會越來越繁榮。

可是，為什麼會出現這樣的情況？大師們說的理由看起來不是很有道理嗎？

是的，每一條理由都是正確的。淘寶確實讓小城市購物更方便，互聯網也確實讓小城市的人可以接觸前沿資訊。但是所有這些理由的力量加起來，都比不上一個規律的力量更強大——馬太效應。

所以我在寫馬太效應的時候，我希望做的不是告訴讀者存在一個叫馬太效應的東西，而是要強調，它的力量非常強大，它能夠覆蓋很多其他的規律。世界上有太多的規律，你不要以為馬太效應是其中普通的一個，它是規律中的規律，強者中的強者。

馬太效應的強大，不僅表現在它的力度大，還表現在它的覆蓋範圍很廣。除了城市發展外，在社會的很多領域也是如此，如知識積累、財富增長、職業發展等。根據馬太效應，我們能夠部分地判斷未來，並以此指導當下的選擇。

馬太效應與知識積累

根據馬太效應，已經擁有更多知識的人，在未來很有可能會擁有更多的知識。即，與知識欠佳的人相比，知識豐富者的知識優勢會持續擴大——不是減小，也不是保持不變，而是擴大。

這個推論顯然與我們的事實相符合。在一個高中班級裡，成績好的學生掌握的知識比成績較差者多——但差距也不是很大。不過，成績較好的會繼續上大學；而成績較差的人可能直接輟學打工了，於是在後面的人生中，兩者的知識差距不斷加大。

另外，馬太效應也得到來自腦科學與心理學的理論支持。新知識的學習與頭腦中已經儲存的舊知識有關，已經儲存的知識越多，學習新知識就越容易，新知識的儲存比率也就越高。所以，原有知識越豐富的人，由於更高的學習效率，即便是學習同樣的內容也會比知識匱乏者學得更快，從而擴大知識優勢。更不用說知識帶來了成就感，提高了學習動力，學習動力又影響你未來是否願意繼續學習。

那麼，在知識積累的領域，馬太效應有什麼應用呢？

首先它會影響我們個人的學習決策。當別人在聚會狂歡、看電影玩遊戲的時候，你是否能靜下心來好好學習提升自己呢？一方面是成長的願望，一方面是放縱的本能，你的內心一定會忍不住做個對比決策：如果我犧牲娛樂來學習，會有多少收穫呢？今天不去聚會，省下時間看書，能學到多少東西呢？

不幸的是，最開始的時候知識增長速度通常是很慢的。如果不明白知識的馬太效應，你會忍不住想：就算認真學習也學不到多少東西，這個收益太小，不足以抵銷我的付出。於是你會傾向放棄學習，享受狂歡。

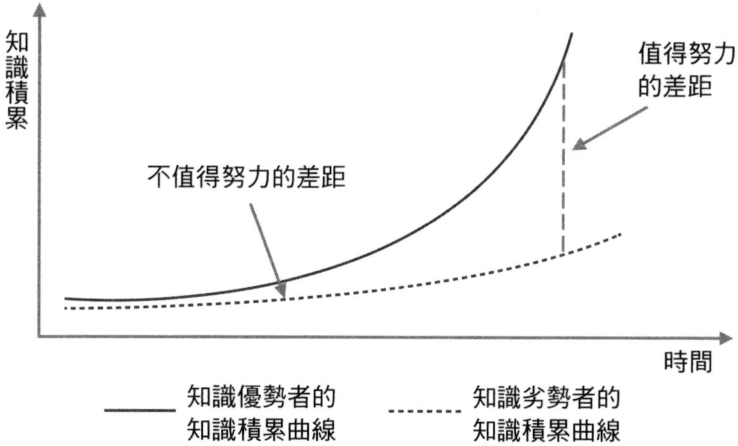

圖二十八

但如果明白馬太效應，你的收益—付出就有變化了。

知識累積隨著時間增長不是線性的，而是不斷加速提高的。儘管近期的累積很小，但是遠期的累積非常大。所以，在知識馬太效應的視角下，你的努力是值得的，這樣的收益—付出比例是划算的。

另外，知識的馬太效應也會改變我們對教育的一些看法。

我相信本書的部分讀者已經是有孩子的人，而另外一部分很大機率也會在未來某個時刻養育孩子，所以，談一談馬太效應在教育決策上的應用是有意義的。之前談論過教育系統——學校、班級與老師——對學生造成的馬太效應，這裡再來從學生個體大腦認知的角度看看。

曾經有一句口號風靡整個中國、影響幾億人：不要讓孩子輸在起跑線上。顯然，這個口號的推動者是無數的教育培訓機構。它對家長的影響是，讓他們懷著激動的心情掏錢買單；它對學生的影響是，讓無數學生沒有了假期和休息，埋頭在無窮無盡的課外輔導與教輔資料當中。太過勞累的學生發出抱怨並累積了心理陰影，教育界和社會輿論也在反思、呼籲並形成新的口號：

「太早開的花會更快地枯萎。」

「不要對孩子逼得太緊，要順其自然。」

「更大的壓力等孩子更成熟了再背負吧！」

「還孩子一個童年！」

「要快樂教育。」

最終，這些口號變成了一句話：「順其自然，享受童年，快樂教育。」這個理念作為對之前理念的糾錯，又影響了至少幾千萬乃至上億人，並且還在持續擴散。

但事實真的如此嗎？根據馬太效應，小時候積累了更多知識量的人，很容易在長大後把知識優勢變得越來越大。所以，如果所謂的「享受童年、快樂教育」在執行中演變成「讓孩子盡情玩耍、減少攝入知識」的話，那麼孩子與無知的家長一定會付出慘痛的代價。

當然也有人會強調，上面說的話是有道理的啊，過早學習太多知識會有種種壞處，失去童年的快樂很可惜等。他們會給出一大堆道理來說明自己觀點的正確性，有些還掛著教育專家的頭銜，說得頭頭是道。這種時候，對於自己的孩子，你該如何決策呢？

最有意思的地方來了。還記得我之前說過的話嗎？

馬太效應的厲害之處就在於，它往往比其他規律更加強大。當它和其他規律起衝突時，往往能夠覆蓋、推翻其他規律。

這個特性能幫助你決策很多問題。如果你理解這一點，就不會被那些看起來很正確的道理唬住。上面的具體案例中，你應該這樣思考：

馬太效應是不大可能會錯的，小時候掌握更多知識的人，長大後有很大機率會掌握更多知識，而且優勢不斷擴大。所以我不能讓他們所謂的快樂教育理念唬住我，更不能影響我對孩子教育的決策。

至於過度學習帶來的壓力過大、喪失學習興趣、死知識不能應用等問題是另外一回事，並不能推翻馬太效應本身，它們需要用其他方法來解決。比如，我應該研究以下問題：

為了提升孩子的綜合素質，應該學習哪些知識能力？僅僅課本與教輔書夠嗎？

為了激發孩子的學習興趣，我應該讓孩子用何種形式去學習？項目式學習怎麼進行？遊戲化學習是否可行？

為了提高孩子的學習效率，我需要引導孩子學習哪些思維方法？應用哪些學習策略？

……

如果你能夠如此思考，就不會在不知不覺中耽誤了孩子的大腦成長。這樣做的家長，才是真正不讓孩子輸在起跑線上。

馬太效應與財富積累

與知識積累類似，財富的增長也具有典型的馬太效應——越有錢的人越容易賺錢。這與我們觀察到的日常現象相符。比如過去幾十年的房產投資，窮人由於缺乏資金無法早點買房，等到終於存夠頭期款後，房價已經漲上天；較為富裕的人早早購置多筆房產，在房價高漲的趨勢中，他們的資產又繼續大幅增值。

財富馬太效應不是當代中國人的特色，大部分國家都是如此。它也表現為二八定律：二〇%的人掌握了八〇%的財富。在少數低度開發國家、動盪國家則尤為嚴重，可能一〇%的人就累積了九〇%的財富。

面對財富的馬太效應，很多人又氣又恨又無奈，因為大部分人都是馬太效應的受害者。大部分人的出生都很平凡，他們缺乏初始的資金和機會，處於馬太效應中不斷被弱化的那一群，至於能正面應用馬太效應，似乎是少數富人的幸運遊戲。

但實際上，即便你不幸生為窮人，也可以積極地運用財富馬太效應。如何應用呢？

首先是儲蓄。

興起於美國的消費主義浪潮已經傳遞到中國了，中國的年輕人逐漸喪失儲蓄的習慣，開始購買各種各樣的花稍物品，月光族已經從少數人群升級為主體人口。這是一件好事嗎？我不確定。

這對想要盡情享受生活的人來說或許不錯，不過對那些需要未來有所發展、當下經濟狀態並不寬鬆的年輕人，我建議你們就不要湊熱鬧了。如果你持續進行逼近自己極限的消費，讓自己的資產累積永遠處於接近零的狀態，那麼財富的馬太效應會讓你真的變得越來越窮。

好好想想吧，你花費資金的地方真的有用嗎？新的蘋果手機上市後你就一定需要買一支嗎？週末的時候一定要和酒肉朋友去 KTV 消費幾百上千元嗎？如果你仔細計算一下，一定會發現不少資金的消耗是沒有太大意義的。

與知識的馬太效應類似，這裡也有一個決策過程。你潛意識中會思考比較，如果今天不去進行消費，省下幾百元有什麼意義嗎？根據一般人的想法，答案通常是沒有意義。對很多受薪階級的年輕人來說，每個月省下一兩千看起來並沒什麼作用，離高昂的房價差得太遠，就算一百年也攢不到一棟房子。於是帶著反正也買不起房的絕望心情，很多人決定乾脆把這剩下的一兩千也花掉算了。

但同時，你應該要有財富的馬太效應意識。你要意識到，你今天省下兩千元所帶來的收益，遠遠不是眼前的這兩千元，它會在未來帶來更大的回報。第二四〇頁圖二十八可以照搬過來，只需要把知識改成財富就行，如下頁圖二十九。

幾年的儲蓄能夠讓你攢出一小筆資產，它看起來並不大，有點無關痛癢，但你在未來某個時刻很可能遇到一個能讓你多賺三五倍錢的機會，剛好需要一筆小資產就可以啟動！這個時候，有沒有這一點初始積累，可能就造成了一生命運的變化。

請記住，雖然你每個月的小積累無法啟動億萬級別的大工程，但能讓你收入翻倍的機會卻有可能剛好被這筆小積累所撬動。人生中改變命運的機會並不是無窮無盡的，當你因為一點點初始積累的差距而錯失一次重要機會時，那種深夜難眠的追悔所帶來的痛苦，遠遠超過你當年花幾千元買一支新手機的樂趣。

更重要的是，面對馬太效應，我們要學會切換賽道。

的確，不論窮人怎樣儲蓄，能夠累積下來的也不多；對於僅僅生活基本支出就耗光大多

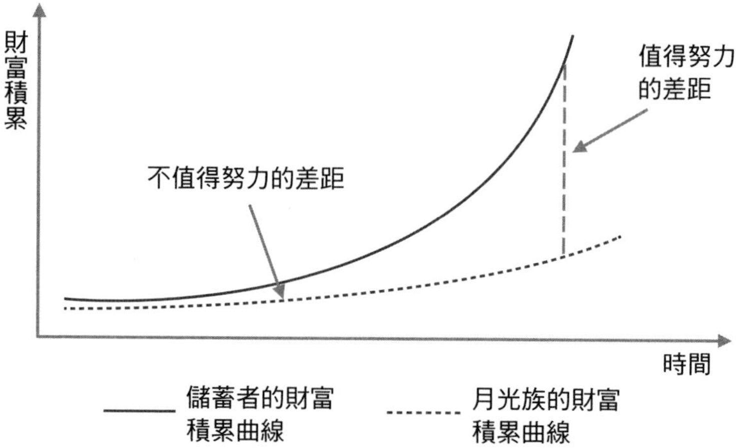

圖二十九

數薪資的人來說，可能每個月要存兩千元並不太容易。沒關係，即便已經處於如此不利的局面，也還有其他方法能讓你繼續利用馬太效應的正面作用。

那就是，面對馬太效應，從財富賽道切換到知識技能賽道上。

財富和知識技能是可以相互轉換的，但是轉換的效率卻有巨大的差距。知識技能很容易轉換成財富，但財富卻較難轉換成知識技能，這個差距就是資金匱乏者改變命運的機會。

馬太效應雖然在知識和財富兩個領域都通用，但兩個領域內的強弱並不一致。比如，一個人由於天生貧困，在財富領域被馬太效應壓得死死的，但他在知識技能領域卻有可能翻身成為馬太效

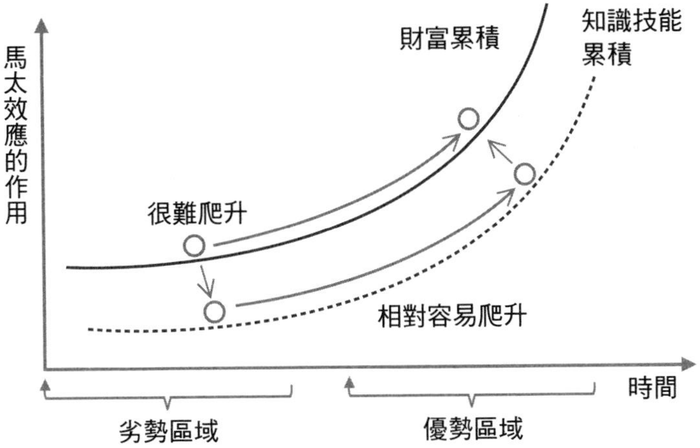

圖三十

應的受益者！

你可以這樣理解。知識和技能的一個重要來源是書籍，一個普通人每個月的收入只有五千元人民幣，他可以騰出三百元買書看，大約是十本書。而一個較為富有的人每個月收入五萬元人民幣，他能夠騰出三千元買一百本書嗎？就算買了也看不完啊。當然，這裡指的是非娛樂性書籍。

所以，知識技能領域的累積受財富的影響比較小，就算是財富積累較少的人也可以在這個領域形成優勢。等到累積足夠的知識技能後，再把它們轉化成財富，這樣就通過切換賽道達到了馬太效應的加速發展效果，如圖三十。

這意味著，在最初沒有太多資產

時，你要想辦法把自己的資產變成有用的知識技能，然後在知識技能領域進行馬太效應的優勢積累，加速發展。當知識技能進入優勢區域後，再轉化成資產。另外，本書最後一章中有關於如何進行加速知識積累、人生加速發展的另一部分探討，也值得參考。

所以，儘管很多年輕人手頭拮据，但購買書籍、進修課程等投資性支出也不應該省下來。更何況互聯網時代，書籍與課程的價格都非常便宜，專業研究者研究了一輩子的內容，也許幾百元就賣給你了。

也許有人疑惑，剛才不是說根據馬太效應應該儘量減少消費、增加儲蓄嗎？買書買課程不也是一種消費嗎？你可以理解為，強大的財富馬太效應不應該被你的享受欲望打敗，但可以被知識技能的馬太效應所替換。

對於馬太效應這個單一的效應，本書花費大量篇幅來描述，這是因為馬太效應太重要了。它與你在「N個重要效應」等文章和書籍中看到的其他各種效應不同，它的力量非常強大，強大到可以造就趨勢，這種力量是其他效應所不具備的。

科技進步

如前文所說，趨勢是被規律所驅動。馬太效應是一個能創造趨勢的強大規律，而科技進步則是另一個。

你有沒有意識到，科技進步是一切財富、一切文明的根本？世界上最大的趨勢多是來自科技的革新。

假設你穿越到十八世紀六〇年代的英國，你該做什麼讓自己的利益最大化？如果你記起來這是第一次工業革命的前夕，那麼很顯然，你應該先投身於紡織機器的研發生產與工業應用中，這會讓你大發橫財。帶著初始的資金與技術經驗，你可以積極參與後續各個行業的工業化革命，讓自己的資產瘋狂擴張，成為一代巨頭。

至於出生在一八六〇年的人，則應該投身於各類電氣、內燃機和電信行業。投資者應該去投資這些行業，就算是底層出身、沒有資源的人，也要去這些行業當技術工人，要知道做得久了總有出頭的機會。

通曉歷史的人知道，這些年代產生了大批新富豪，這些富豪都是因為參與了當時科技進步的行業。甚至在國家層面也是如此，抓住這些科技進步大趨勢的國家——歐、美、日等，紛紛成為世界強國。

這個規律對中國當然也適用。遠的不提，來看看中國最近幾十年有哪些重要的趨勢。二十世紀八〇至九〇年代，各種小商品生產銷售創造了大量財富機會，這對應的是中國輕工業的進步；水泥、鋼鐵、煤炭等產業造就了大量富豪，除去房地產發展的因素外，也對應了中國重工業的發展；聯想、百度等巨頭和一大批硬體加工廠、網站的成就，顯然來源於資訊科技的進步；而小米、滴滴出行等新貴和自媒體圈子的大量機會，則與智慧型手機技術的進步密切相關。

顯然，抓住了科技進步，就抓住了趨勢。

既然意識到這一點，那麼如何應用它呢？即，怎樣才能發現科技進步的方向？

這不是一個容易回答的問題，因為對科學本身的預測太難了。如果你問十七世紀的人交通產業的未來會如何發展，他們會告訴你關於某些優良品種的馬的引進計畫，不太可能有人能想到汽車的出現。對於未來科技的預測，大多數時候就像十七世紀的人預測汽車出現一樣困難。

不過，仍然有一些方法能大致預判部分科技的發展方向。雖然不能精確地預知未來，這些大致預判的方法也是值得我們研究。

政府規劃

科技進步是用人和資金堆砌出來的。當那些頂級聰明的頭腦和幾十上百億的資金進入某個領域的研究時，這個領域更有可能成為科技突破的方向。

而能夠調動這些人和資金的，就是政府規劃。

對於未來重點發展哪些新科技，政府會訂定頒布詳細的規劃和講解，並且向社會公開。很多人沒有意識到這些規劃是多麼重要，其實，大家都應該好好看看這些文件。

中國政府的習慣是每五年發布一個規劃，比如「十一五」、「十二五」等，最近一次是二〇一六年至二〇二〇年的「十三五」規劃。其中一個文件叫《「十三五」國家戰略性新興產業發展規劃》，就透露大量「天機」。這份文件當中「欽定」了七大戰略新興產業：

節能環保、新一代資訊技術、生物產業、高端裝備製造、新能源、新材料、新能源汽車。

對這些產業的總體目標和細分產業規劃，你可以詳細看看上面的文件。

這些文件不僅影響深遠，而且影響的範圍很廣。如果你是相關產業的從業人員，在一家效益不好的公司上班，正在考慮是要轉公司還是轉行，那麼這份產業規劃會給你啟示；如果你是高中生或者高中生家長，馬上就面臨大學聯考選專業的問題，在以興趣為主的基礎上兼顧這份產業規劃，顯然是更聰明的做法；如果你手頭有些閒錢正在進行股票投資，甚至你是專業投資人，這份產業規劃就應該是你的必修功課了；如果很不幸的，你所在的某個傳統行業會被上述某個產業完全替代掉，那麼你可能需要考慮如何轉行。

總之，有太多的人會從這些規劃的研究中受益。所以關心這件事的應該包括千千萬萬個普通人，而非僅僅是一些企業巨頭與政策研究專家而已。

中國每個五年計畫的末尾都會發布新的五年計畫，你可以進行新舊對比，看看舊的產業規劃執行得怎麼樣，新的產業規劃方向是否有調整。對於有志捕捉趨勢的人來說，研究政府規劃應該成為一種習慣。

另外，中國一些重要的產業主管部門也有相關規劃發布，比如工信部、農業部等；很多投資機構、顧問公司會發布比較系統的行業研究報告，也值得參考。

顯而易見的科技趨勢

除去細緻的政府規劃外，也會有些科技發展趨勢是顯而易見，不用太費力就能知道。

為什麼會出現這樣的情況呢？因為從科學理論到科技創新、從科技創新到實際應用，都有時間差。比如核融合理論上已經證明可行，我們就可以預測它未來極可能誕生相應的技術；比如二〇〇七年左右智慧型手機就有較成熟的技術，但大規模商業應用到二〇一一年左右才開始。這些時間差給了我們觀察和預測的可能。

近幾年討論得非常火熱的物聯網和ＡＩ，很可能成為未來幾年到幾十年的重要趨勢，這幾乎是全人類的共識了，也是巨頭企業、精英大學和國家實驗室正在進行的重點研究方向。一般來講，這種能夠得到廣泛共識的都是等級很高、影響極為深遠的東西。如果說產業規劃將會影響到的是一個產業、幾百萬人、幾萬億規模的市場，那麼物聯網、ＡＩ這樣超大等級的趨勢將會影響整個經濟系統、幾十億人，上百萬億規模的市場。

更重要的是，當這些新技術真正降臨的時候，能帶給我們哪些機會？目前，無論ＡＩ還是物聯網都沒有真正到來。當未來的某個時刻它們真正來臨的時候，世界會發生怎樣的變化呢？各行各業會出現哪些機會呢？如果能夠提前思考出來，那麼當機會來臨的時候你就可以搶占先機。但事情都還沒有真正發生，你又如何能知道到時候會有哪些變化呢？

精確的未卜先知當然是不可能，但還是可以大致估算一下。其中一個估算的方法為：歷史類比法。

歷史類比法

世界的表象雖然在永恆的創新當中，但歷史的某些深層結構總是驚人的相似。通過回顧歷史，我們能夠觸到未來變化的可能。

以未來的物聯網為例。物聯網時代會有哪些機會呢？這個很難直接考慮清楚，那就去尋找歷史的類比。我們會發現，它對我們的影響，可能會比較類似互聯網對我們的影響。

比如，由於移動互聯網，我們有了基於手機的淘寶、京東等購物網站——商品流量入口；有了基於手機的微信、知乎、今日頭條與自媒體產業——資訊發布平臺。這些新的資訊形態和呈現方式取代了傳統的紙媒，改變了廣告和行銷產業的運作方式。

那麼由此推測，當物聯網來臨時，我們會有基於各類聯網物品（不僅僅是手機）的新資訊發布平臺、新資訊形態與新流量入口，並再次改變廣告和行銷產業的運作方式。

舉個例子。在目前的移動互聯網時代，我們想買吃的商品，會拿出手機打開購物網站搜索。等到物聯網時代可能就不一樣了，你的冰箱能夠識別冰箱內什麼食物快用完，什麼食物放得太久需要扔掉買新的，於是主動向你的手機發送一個報告：「您的番茄醬已經超過保存期限，正在變質發霉，請儘快更換。」

既然都已經發送欠缺新食品的報告了，那麼它向你推薦一些商家的產品是不是理所當然呢？它可以在報告中添加番茄醬品牌的購買建議——它成了新的流量入口；它可以向你推薦一些適合搭配番茄醬的食物以及趣味健康的烹調做法——它成了新的媒體平臺。

再舉個例子。在移動互聯網時代，新媽媽如果想知道孩子半夜是否睡得好，她就需要把嬰兒床放在自己身邊，甚至在嬰兒床上方安置監控，然後第二天白天查看錄影影片，看嬰兒昨夜是否有煩躁不安的表現。如果想獲取一些育兒方面的新知識，她可能會打開母嬰類的微信公眾號，或者在知乎裡搜尋「嬰兒半夜睡不好該怎麼辦？」可是等到嬰兒下次哭鬧的時候，她不一定能回憶起相關的知識。

但在物聯網時代，嬰兒床內部可能本身就帶有震動檢測，能夠即時發覺嬰兒的掙扎和哭鬧行為，並且通知母親來安撫嬰兒；能通過語音或發送訊息的方式立刻告知母親嬰兒半夜哭鬧的常見原因與解決方法。這樣，嬰兒床本身就具有媒體的屬性，甚至還會給其他商品導流：「親愛的媽媽您好，資料顯示，使用〇〇〇品牌奶粉的寶寶會睡得更好。」它或許會給傳統的母嬰微信公眾號帶來巨大的壓力。

所以，冰箱可能會成為食品行業的熱門廣告資源，而嬰兒床廠商則可能成為母嬰領域的新垂直電商巨頭。以此類推，未來的商業機會將以各種意想不到的形態出現。

冰箱自媒體？如果不做移動互聯網的手機自媒體類比，你可能很難想像類似的事情，但它確實是一個可能性。有了這樣的意識，等到成熟技術降臨的那天，你就能夠比別人先行一步布局。

當然，上述兩個案例僅屬個人推測，未必會成真。我不是技術專家，不知道冰箱檢測食物是否變質有多大技術難度，也不知道嬰兒床加裝感測器需要多少成本。但是，那些具備專業技術知識與行業經驗的人能夠判斷。而他們需要的，就是這種歷史類比的思維方式。

人口變化

人，是一切文明與社會經濟活動的根基。如果說什麼規律能夠造就大級別的趨勢，那麼與人口有關的規律必然是其中之一。

和馬太效應類似，與人口有關的規律也是非常強大的，比如人口數量與人口結構，當它與其他規律衝突時，往往能夠推翻其他規律而保證自己的留存。

比如，俄羅斯未來是否能成為一個偉大的國家？日本能否保持持續興盛，甚至追上中美？各種各樣的政治、經濟、科技原因可以分析一大堆，太複雜了，不如一句話得出結論：人口原本不多而且又快速減少的國家，綜合國力不大可能高速成長。這就是人口規律覆蓋了其他規律。

作為日、俄的對比，印度會不會發展成一個有很大全球影響力的強國？我們認為印度問題很多，又是種姓制度，又是女性地位低下，而且教育比率也不高，有太多理由認為印度未來的發展不會很好。但是印度的人口很多，而且人口結構很年輕。僅此一條就可推測，印度未來幾十年很可能會成為全球性強國。

順便說一句，中國目前（截至二〇一七年）的生育率已經低於俄羅斯和日本，如果未來不進行及時調整，幾十年後可能進入衰退。但由於目前中國人口還有近十四億之多，很多人又沒有意識到指數型衰退的威力，所以尚未察覺危機的嚴重，沒發現十四億人口只不過是虛假繁榮而已。人口規律覆蓋其他規律，任何經濟增長和教育改善的利益都無法抵消人口快速衰退帶來的負面影響。

下面，我們再看看中國人口的其他規律。先來看看中國的人口統計。目前中國國家統計局發布的最新人口年齡結構資料為二〇一五年的統計資料，經過比例調整後繪製得到下頁圖三十一。

通過圖三十一和最近幾年的中國人口出生數據與國家生育政策綜合分析，可以得到中國人口變化的幾個趨勢：

第一，中國的高齡化傾向非常明顯。截至二〇一五年，四十至五十四歲的人口占據高峰，五十五至七十五歲的人口也不少，年輕人的數量則明顯萎縮。

第二，嬰幼兒人口數量有所增加，但增加不明顯。受國家二胎政策影響，部分女性開始生育二胎，這使得零至四歲人口有所增加。但全面二胎政策暫時還未導致特別明顯的生育潮，嬰幼兒人口占比依舊較低。未來幾年的新生兒數據值得密切關注。

第三，二十五至二十九歲人口出現單獨高峰。這部分人口剛剛投入工作幾年，目前零至四歲的嬰幼兒有較大一部分正是他們的孩子。

人口變化與科技進步的一個重大不同，在於它的資料唾手可得，並且非常精確，你只要查詢統計局的網站就可以。而科技進步則有一些不確定因素，比如VR科技看起來很有前

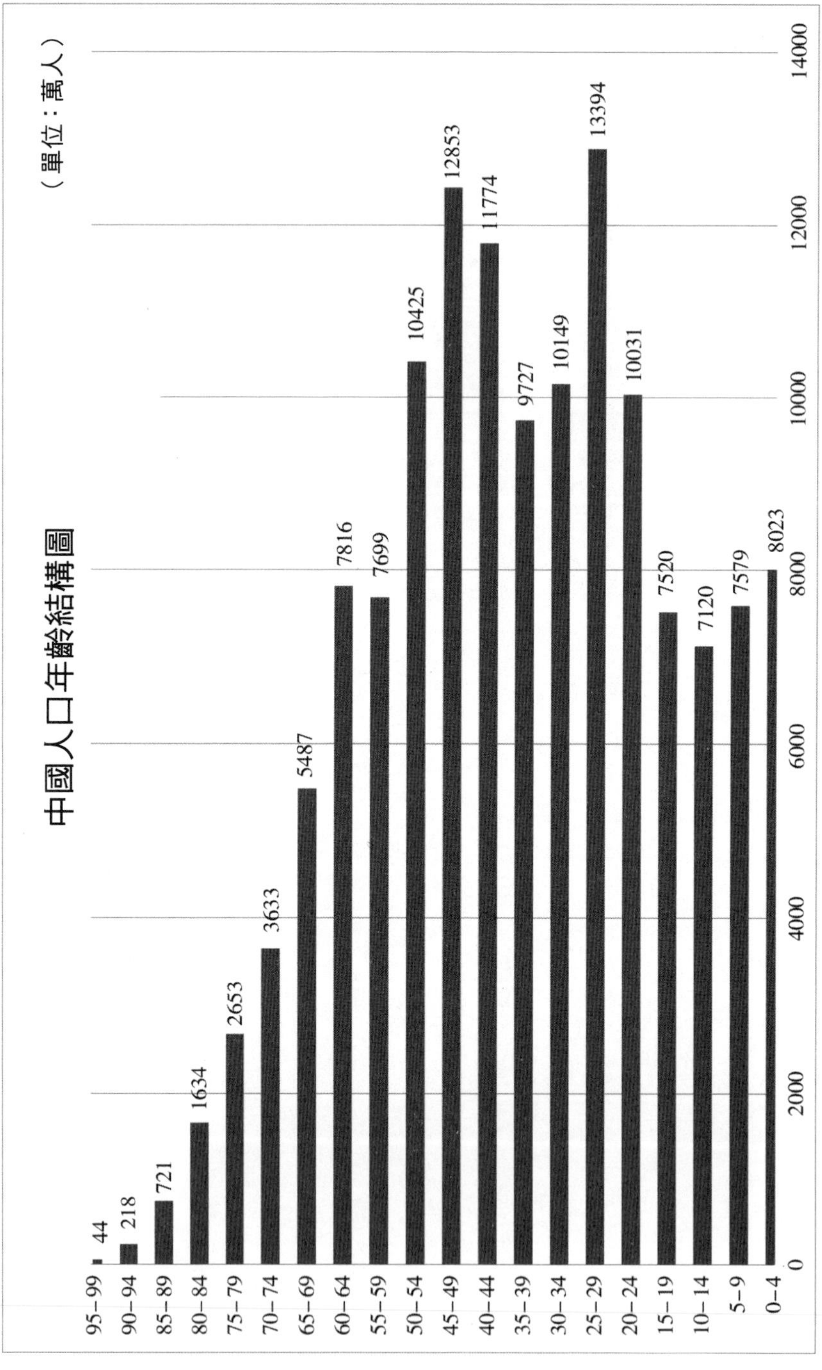
中國人口年齡結構圖
（單位：萬人）
95–99
90–94
85–89
80–84
75–79
70–74
65–69
60–64
55–59
50–54
45–49
40–44
35–39
30–34
25–29
20–24
15–19
10–14
5–9
0–4
44
218
721
1634
2653
3633
5487
7816
7699
10425
12853
11774
9727
10149
13394
10031
7520
7120
7579
8023
0
2000
4000
6000
8000
10000
12000
14000

圖三十一

景，但實際上是否能大規模應用呢？什麼時候才能大規模應用呢？這些問題都是不確定的。而人口趨勢則非常穩定，比如高齡化趨勢是百分之百確定的，並且未來二十年都不會改變。

人口變化有明確、穩定、易知的特點，這也會引起我們的困惑：

既然大家都知道這件事情，那我知道又能怎麼樣呢？能有什麼機會呢？

比如二胎政策會讓嬰幼兒用品產業復蘇，高齡化趨勢則造就了醫療和養老行業的機會，這些簡單的結論很多人都知道。那麼你能夠根據這個趨勢得出些什麼新的東西嗎？要大多數人想不到的才有機會。

這個問題也是造成很多人不願意去關注人口趨勢（以及其他趨勢）變化的重要原因，因為只能得到一些大家都知道的、顯而易見的知識，沒太多應用價值。這個問題，是大勢思維在現實生活中得到應用的真正瓶頸。

第四節　大勢訓練場

多種思維與大勢思維的結合應用

人們很容易看懂一些簡單的規律，但不太容易經過精細的思維加工推出相對複雜的衍生結論。那些被人們廣泛知道的簡單規律和知識無法帶給你特殊優勢，只有少數人通曉的道理才能讓你奪得先機。

如果你想思考出一般人不知道的結論，你就需要用到複雜的思維方法了。

以中國的人口規律為例。看完中國的人口年齡結構，只能想到嬰兒用品和養老醫療這些路人皆知的事情？沒關係，下面我們試一試，把多種思維方法與人口趨勢結合起來使用，看看能不能得到什麼重要的、真正能夠指導現實生活的結論。

馬太效應與人口規律

這是兩種大勢思維的結合。如果我們把馬太效應與人口規律結合，會有什麼樣的結論呢？根據城市發展的馬太效應，大城市和城市群會不斷發展，人口，尤其是年輕人會不斷從小城鎮與鄉村抽離出來，湧入大城市。同時，這個馬太效應不僅得到了現實資料的驗證，也是中國政府的長期規劃之一。可以說，這是個確定性的趨勢。

另一方面，中國總人口數的增速在快速降低，人口學家預計二〇三〇至二〇三五年左右會見頂，然後開始快速下降。而在此之前，年輕人的人口數量已經在快速下降了（你可以在前面的中國人口結構圖中看到）。

由這兩者可以得到什麼結論？那就是在未來的一段時間裡，中國的小城鎮和鄉村會提前進入人口危機、提前衰落。很多小城鎮會變得荒蕪而缺乏活力，甚至出現各種「老人城」、「老人村」。

顯然，這種人口快速減少的小城鎮，房地產快速貶值的風險是不可忽視的。如果目前它的房地產還有泡沫，那麼泡沫破裂甚至崩盤的風險都很大。

這個結論就對很多人意義重大了。在不少三四五線城市，由於之前的房地產泡沫、房價高漲，很多家庭的大量財產已經轉變成房地產，手裡囤積了好幾間房，有些還是高價位的時候追進去的。也有很多人辛苦工作攢下一點積蓄，正在考慮要不要再買房地產。透過結合分析馬太效應和人口趨勢，你就知道，這可不是什麼好主意，很容易讓辛苦積攢下來的血汗錢給浪費了。

這種分析的意義在於，它的結論是非常強大、可靠的。

很多人會想，中國政府的調控能力、維穩能力非常強，絕不會讓中國的房地產崩盤；也有人在想，中國房地產一直在漲，趨勢從來沒有變過，以後頂多是漲得慢一點而已，不會有什麼風險。這些想法看起來都還是有些道理的，因此一部分人就相信了，並選擇繼續購買房產。

但是還記得馬太效應和人口趨勢的特點嗎？它們都是能夠覆蓋、推翻其他規律的強大規律。如果你有這樣的認識，在做具體的投資決策時就會清醒多了。

生態思維與人口規律

我們也可以把生態思維與人口規律相結合。

中國的老年人越來越多，顯然會造就醫療和養老產業的趨勢性機會。但是進入這些產業的條件門檻太高了，醫療有很高的技術門檻，而養老院則動不動就是幾千萬上億的初始投資，是大企業和財團的遊戲，更別提這些機會已經路人皆知。我們能否找到其他的機會呢？

最好是更容易入手、普通人能參與的。

基礎模型

我們來思考一下，老年人平時處於怎樣的生態當中。他們的吃穿似乎沒什麼特點；住房早就有了，可能還不止一棟；他們的兒女忙於自己的工作，而且還很有可能在外地大城市，所以他們平時的生活會有些寂寞和無聊。

他們做什麼來打發時間呢？總得找些娛樂吧。我們首先想到了很多大媽在社區裡跳廣場舞，不過圍繞廣場舞已經有一些成形的 **APP** 和較大的公司了，似乎沒什麼空間。接著，老年人喜歡在棋牌室裡打麻將消遣，所以在小城市，棋牌麻將休閒娛樂是一個很好的生意。這個生意起點很小，容易上手，而且可以根據生態思維來推測，這個生意會隨著高齡化社會的到來繼續繁榮下去。

還有什麼呢？我們想到，受益於一輩子的儲蓄、養老保險與房產增值，很多老年人不缺錢，他們會去旅遊。最近幾年旅遊也有不小的增長，但是以後會不會繼續增長？有沒有可能過不了兩三年就停止增長呢？畢竟市場變幻風雲莫測。現在你知道了，不會停止增長。根據中國的人口趨勢和生態思維，越來越多需要娛樂的老年人會把旅遊市場撐得越來越大，旅遊市場會持續繁榮很長時間。所以，你可以考慮投資代理一個旅遊公司，發展旅遊業務，這並不需要太高的成本；即便完全沒有任何資源的人，找工作的時候也要明白，旅遊行業未來幾年一定會有很好的發展，而其他行業則未必。這就是生態思維與人口趨勢相結合對普通人的一個啟示。

另外，你還能根據常識判斷不同產業機會的時間節點：顯然，由高齡化促進的旅遊業繁榮，會比養老產業來得更早。六十歲的老人還有精力到處旅遊，而七十歲的老人可能才需要養老護理。所以對於手握資金、考慮資金時間成本但又想抓住高齡化趨勢的人，可以據此在不同的高齡化相關產業中權衡選擇。

淘金模型

如果使用淘金模型，你又能得到一些更有趣、更巧妙的思路。

以養老護理產業為例。養老護理產業的投資非常大，動不動幾千萬起步，普通人與大型企業競爭這個市場實在是沒什麼勝算。

不過，你還記得淘金模型那一篇的副標題嗎？「競爭再激烈也能贏的思維方式」。淘金模型的本質是共生模型，既然爭不過大企業，那麼我們想想，如何才能與他們共生？

顯然，養老護理產業包括場地建設、醫療護理設備購買、護理人員招聘培訓等多個部分。普通人無力拿出幾千萬上億的資金一次全部搞定所有環節，但是你可以從中挑一些資金投入較低的環節入手，比如護理人員招聘。

具體的形式可以是勞務仲介、代理招聘、中低端獵頭等。

如果你去做一個護理行業的專業招聘網站或勞務公司，你就成了養老產業大公司的好幫手，與他們形成共生，在他們大發橫財的時候也能分一杯羹。你既避開了與養老產業巨頭的競爭，也避開與傳統招聘網站的競爭——你做了一個差異化的垂直市場。

思維邏輯鏈與人口規律

我們也可以把一些思維技術與大勢思維相結合，比如把思維邏輯鏈與人口規律相結合。這樣的結合很常見，因為思維邏輯鏈是進行很多複雜思考的基礎，它不僅能與人口規律相結合，也能與其他各種思維方式、趨勢規律結合。

二胎政策開放後，迎來了一批新生兒，嬰幼兒用品產業出現復蘇，這似乎是常識。那麼，是不是隨便誰去開個嬰幼兒用品店、隨便哪家廠商多生產些嬰幼兒用品就能夠大賣、發財致富呢？恐怕未必，市場內的特性需要更細緻的推敲。

下面我們將 5 Why、5 So 法綜合使用，看看能發現嬰幼兒用品市場的哪些新特性。

Why？為什麼最近兩年嬰幼兒數量增加？因為中國鼓勵生育二胎。

Why？為什麼鼓勵生育，嬰幼兒數量就增加了呢？

因為一部分女性原本就想多生孩子，只不過之前政策不允許。所以當國家政策放開的時候，這些女性就立刻懷孕生產了。也就是說，最近兩年的新生兒增加不僅有新婚女性的新增生育，也有很多三十五歲左右已有小孩的女性生育而累積的數量。

So？目前的新生兒有很多是由較高齡女性所生育，那又怎麼樣呢？

結論一：新生兒數量增加的存量消化是一次性的，未來新生兒的增速可能不會持續像近兩年這麼高（除非新的政策或其他因素進一步刺激女性的生育意願），嬰幼兒用品市場商家不可盲目投資擴張，應密切關注政府政策、市場動態與生育數據。

So？目前很多新生兒是較高齡婦女所生，那又怎樣呢？

年齡較大的人在財富累積上比年輕人更多。

So？新生兒父母們比以前更有錢，那又怎麼樣呢？

所以這些新生兒的養育會更傾向於高品質、高價格的商品。這意味中高端商品的占比會擴大，低端商品的占比會減小。

So？人們更傾向於中高端商品，那又怎麼樣呢？

結論二：所以，中高端嬰幼兒產品和廠商會更加受益，利潤更高的同時銷量不會明顯減少。這將影響嬰幼兒用品行業的各類投資決策。比如，如果廠商準備擴展新品牌，那麼可能中高端是更好的定位；如果個人決定投身嬰幼兒用品產業，那麼代理高端進口奶粉就可能比銷售國產奶粉更受歡迎。

So？目前很多新生兒是較高年齡婦女所生，那又怎樣呢？

除去高端商品消費外，父母的教養方式會發生變化。由於缺乏經驗，對第一個孩子的教養往往有各種方法錯誤和遺憾，幾年之後錯誤教養的後果顯現出來，這會讓很多父母在生育二胎後願意調整教養方式。

So？願意調整教養方式，那又怎麼樣呢？

結論三：他們需要學習更加科學的教養方式，這就給科學教養產業帶來了機會。傳播育兒知識的母嬰教育類公眾號、家庭教育指導機構以及幾年後的綜合素養課程、學習方法課程等都會有不錯的發展機會。

好了，暫時停下來。僅僅這麼一些思維邏輯鏈條的擴展，就能推導出不少有價值的資訊。經過不斷追問 Why 和 So，我們得到三個可以直接影響事業發展的相關產業要點：

嬰幼兒增速是否穩定尚不能明確，需要持續關注，商家不可盲目擴張；

中高端產品更受歡迎；

科學教養相關行業會有很好的發展機會。

如果你繼續推演下去，還會有其他的啟發。大家可以就這個話題繼續練習，也可以另起爐灶嘗試一下，還有什麼其他的思維方式能與人口趨勢結合起來分析？

你還可以做些拓展練習，把生態思維、思維邏輯鏈或其他思維方式，與另外的趨勢聯繫起來綜合使用，看看會得到什麼有意思的結論。比如，當AI的大勢撲面而來時，你能發現什麼機會？如果你恰好是AI行業的資深從業者，你該怎樣發展才最好？如果你不是AI的從業者，你還能找出機會嗎？

上面多個例子向我們展示了，如何把其他各種思維方式與某個趨勢相結合，從而分析出更深刻、更有應用價值的結論。其中，生態思維與大勢思維的結合尤為緊密。

這種多思維方式的聯合使用才是深度思維的常態，所有的思維都存在於我們的大腦裡，它們是緊密聯繫在一起的。面對複雜的現實世界，多種思維方法綜合應用才是制勝之道。

本章結語

強大的趨勢思維，常與其他思維方式綜合應用

如果我們忽略宏觀的趨勢，僅僅在微觀細節上反覆思索，也許永遠也抓不住事物的本質。基於思考做出的人生規劃，難免帶有偏差局限。想要思維變得有深度，你需要從大趨勢的角度去探索認知。

對大趨勢的深度認知也需要抓住其本質，認識到趨勢不是隨機預測，而是內在規律所引起的必然或大概率走向。因此可以說，深度思維中的大勢思維，即是對各類宏觀規律的具體認知。

生態思維、系統思維與大勢思維，都是能擴大格局、開闊眼界的思維方式，常常使用它們會讓你更加聰穎智慧，更能讓人產生一種眼觀六路、耳聽八方、心懷天下的氣質！當然不要忘記了，下一章將會提到的兵法思維，同樣是提升思維格局的利器，它也能夠與其他多種思維方式相互參照、綜合使用。

在本章最後，讓我們感嘆並銘記趨勢的恢宏與磅礴吧！所謂時來天地皆同力，運去英雄不自由。大勢若至，神鬼難敵；乘風踏浪，順勢為王。

第八章　兵法思維

——如何設計自己的人生勝負手

人生如打仗，打仗要懂兵法。兵法思維講述的是這樣一些思維模式：如何規避風險，捕捉機會，掌握主動權，以確保在漫長的人生中取得總體上最優的發展。

第一節　為什麼你要懂兵法思維

人生，常常是一場戰爭

有些靈魂降臨在風和日麗的人間，生命是享受，是說走就走的旅程；有些靈魂進入山窮水盡的世界，生命是奮鬥，是無窮無盡的戰爭。

我們希望自己生於這樣的家庭：父母是政商大鱷，自小在深宅大院中自由玩耍，從青春期開始接觸政商機密資訊，接著父母資助出國讀頂尖大學，幾年後回國歷練，然後等待繼承家業——億萬資產與龐大的高層人脈圈。

如果不行，那就生於教育優良的中產階級之家。父親是大學教授，母親是高學歷的金融高管。從懷胎數月開始聽莫札特，在幼年時允許自由探索，各類才藝讓我們大膽嘗試而又不逼迫考檢定。中小學時循循善誘，按照教育與認知心理學的規則培養我們的思維與學習能力，十四五歲就能深思熟慮明辨是非，十八歲憑自己的能力考進頂級九八五的學校（編按：「九八五工程」指中國為建設世界一流大學所實施的教育計畫）或拿獎學金出國留學。攻讀碩博士一路順風順水，然後帶著過硬的人工智慧研究技術回國創業，融資上市改變世界。

再不濟，請讓我在一二線城市有套房，或者拆遷補償一千萬，不要讓我一輩子當房奴，苟且在三坪多的出租房裡，看不見詩和遠方。至少面對黑心老闆時能夠來一場說走就走的旅行，能夠在西藏明亮的天空下自在放聲高歌，或者安靜躺在洱海的小船上聽風吹水動。請讓我心如四月暖風，眼見草綠花紅，愛世界，愛生活，愛生命中的一切。

但這只是少數人的幸運。大多數的我們降臨在三四五到十八線小城市和村鎮，沒有政商大鱷，沒有金融高管，沒有教育心理學，也沒有拆遷補償。平庸的小學與初中，小縣城重點實驗班的師資和學生水平。接著是平庸的大學，或是憑藉極端努力勉強考上九八五，然後發現自己與家境良好的同學的綜合素養比起來簡直一無是處。然後考研究所，或者找一個辛苦的工作，擠公車捷運打卡，每天夜裡疲憊地躺在三坪的出租房裡腦海一片空白。不敢考慮未來：房價、學位、醫療、養老……如果還活著，如果還有剩餘的力氣，那就握緊拳頭，繼續準備明天。

這才是大多數人的一生。如果不小心長出了理想，如果意外地開始好奇生命的意義，如果妄自定了自我成就的決心，那麼你的一生，就是戰鬥的一生。學業是戰鬥，求職是戰鬥，創業更是艱苦卓絕的戰鬥。一次次大大小小的戰鬥匯聚成這一場生命的戰爭。

這場戰爭，你輸不起。這場戰爭，誰又輸得起？

一場輸不起的戰爭，你要懂兵法。

在一本專講思維方法的書中提到兵法，似乎有點怪異，我反覆考量是否要刪掉這一章。但學習思維方法的目的是什麼？是克服生活中的困難，解決人生的障礙。當大多數人的人生都如同戰爭之時，研究一點兵法並無不妥。我們暫且稱之為——兵法思維。

兵法思維，首推《孫子兵法》。為什麼兵法思維必須學《孫子兵法》？中國的兵書很多，有《吳子》、《六韜》、《司馬法》、《尉繚子》等，西方更有戰爭巨著《戰爭論》。與其他兵書比起來，《孫子兵法》有什麼特點？

特點是，絕大多數兵書都是講戰爭的具體技術，而《孫子兵法》則是講戰爭之「道」。我們命運的戰爭不是槍林彈雨，而是學業、人脈、求職、創業等。這些戰爭，需要的是道，而非術。即，我們不用持刀槍劍戟進退殺伐，而要將深刻的智慧應用於生活，設計自己的人生勝負手。

《孫子兵法》中包含的思維很多，本章無法一一講完，我選取了一些自認為是最重要、對現代人最有借鑑意義的部分。值得注意的是，《孫子兵法》中的各種思維是環環相扣的，相互推導配合，其體系非常嚴密。大家在閱讀下面幾節內容中提到的不同兵法思維時，應意識到它們不是簡單的分類羅列，而是要嘗試將它們結合起來思索。當然，作為宏觀格局類的思維方法的一支，它與前幾章提到的生態思維、系統思維、大勢思維也有千絲萬縷的聯繫。

第二節　先勝後戰
為自己設計一條永不倒下的路

勝兵先勝而後求戰，敗兵先戰而後求勝。

——《孫子兵法・軍形篇》

勝利者與失敗者的樣子

經常獲得勝利的軍隊，他們的作風是先知道會勝利，然後才去打這個仗；那些經常失敗的軍隊，則是不管三七二十一先開始打了再說，一邊打一邊想怎麼才能贏。

「夫未戰而廟算勝者，得算多也；未戰而廟算不勝者，得算少也。」《孫子兵法》開頭的計篇說明了同樣的道理。做事情最怕莽撞，搞不清楚狀況就一頭衝進去，這種多半要吃虧，長期來看是注定要滅亡。

我們常常聽到有懵懂少年被騙去搞傳銷，或者無知少女被騙到國外去賣淫。這一般都是典型的沒有搞清楚情況就去了。騙子往往會說「我有一個賺錢的機會」，而他們往往沒有調查真實度就盲目相信。如果更加仔細一點，以先勝而後求戰的理念來應對，就要先進行各種考證，確保這確實是一個賺錢的機會再去行動。

這種簡單的騙局往往出現在懵懂無知或者受教育較少的人身上，很多人覺得自己社會經驗豐富、教育良好，不會犯這種低級錯誤。也許聰明的你不會犯這種被騙去搞傳銷的錯誤，但是依然有可能犯「敗兵先戰而後求敗」這種錯誤。

第一個原因是，傳銷或被騙出國賣淫這種特別危險的事情，太過於危險，所以一般人都會提前瞭解騙局套路，學校和媒體的安全教育會讓你有相應的知識和經驗，也就是說，你不會犯這種錯誤，並不是因為你有「勝兵先勝而後求戰」的思維方式，而僅僅是因為你記得一些知識。當你進入自己缺乏足夠經驗和知識儲備的領域時，你很容易就會犯這種錯誤。

第二個原因是，你會有狀態波動，比如情緒激動或者低落的時候，這時人更容易犯錯誤。如果你沒有把先勝後戰的思維方式反覆訓練形成本能，那麼這種思維方式就是不穩定的，容易受到干擾。比如，正常情況下你知道不應該賭博，因為整體上來看肯定要輸，但如果你哪一天心情很煩躁很鬱悶的時候，你可能就去了。因此，你需要在平時刻意訓練自己先勝後戰的思維習慣，讓它穩固下來，穩固到即便情緒低落也不會出差錯。就好比，即便情緒低落時你還是知道一加一等於二，不會出錯。

第三個原因是，勝利的經驗會讓你盲目。如果你經歷了一段連續勝利的時間，你很有可能變得無視風險。這並不是說你一定很浮躁、品性不穩重、輕飄飄的，最可怕的恰恰在於，即便最踏實謙遜的人都會犯這種錯誤。因為連續的勝利會改變你的認知，會讓你發自內心地認為這件事情沒問題，我的經驗越來越豐富了。隨著連續勝利的增多，最終某一次你會忘記先考量勝算，直接就開始行動。

第四個原因是，有些事情就是特別的危險。有些事情是沒什麼風險，即便搞不清楚情況隨便亂闖也沒關係，或者只需要瞭解一點點就可以去嘗試。比如你去某個地方逛街，事前不知道哪個商店的衣服適合你，但是沒關係啊，隨便亂逛就好，多走走應該能夠找到。事實上，生活中有太多這種沒什麼風險的事情，以至於你完全不具備先勝後戰的思維習慣也覺得無所謂。但有些事情是風險極高的，比如創業、投資等。而長期習慣於先戰而後求勝的你，真的能夠臨時改變習慣嗎？

在互聯網時代，一個初創的企業，以精妙的市場切入點、完美的產品設計、強大的執行力，短短一兩年就成為估值上十億的大企業，連續融資風生水起——A輪B輪C輪，恨不得把字母表輪一遍。網民們還在驚歎羨慕，資訊網站的投資分析報告還在撰寫，忽然就聽到消息：決策者犯了個小錯誤，公司破產了。

你如果去細細研究這些故事，會發現幾乎大多數的案例都有一個模式：沒有先確定必勝就衝進去。因為在這些領域要確定必勝太難了，需要你以超乎尋常的專注和謹慎去應用先勝後戰的理念。一個不小心就會出現思維的懶惰：這個股票差不多可以買吧？這個專案應該可以做吧？看起來還不錯。悲劇就此產生。

人最怕的就是拚搏一生、勝利無數，卻在一次倒下後再也無法爬起來。一次失敗讓之前所有的成功全部灰飛煙滅，又或者一次失敗讓未來的日子再無翻身的可能。為了避免這樣的悲劇，你必須好好學習和領悟先勝而後求戰的思維方式。這個思維方式的一個特點就在於，往往你以為自己領悟了，其實你還沒有。你還沒有純熟、純粹的領悟。

九七%純度的鐵只能叫鐵，而九九.九%純度的鐵則叫鋼，它們是不一樣的物品。大概知道先勝後戰這回事，和深刻理解並應用先勝後戰的理念，是不一樣的人生。

總之，勝利者的樣子是先勝而後戰，失敗者的樣子則與之相反。

凱利公式——給孫子兵法打個數學補丁

上文中我提到，在某些領域，如投資、創業等，要確定必勝太難了。其實這句話不太精確，精確的描述應該是：

> 在某些領域，如投資、創業等，要確定必勝是不可能的。

很多人對於先勝後戰的理念並不完全理解或認同，有幾個原因。一是因為有些事情就是無法絕對先勝後戰——就連戰爭本身也是如此。那麼，在投資、創業、戰爭等無法事先保證勝利的領域，如何執行這條理念呢？

二是因為，如果嚴格執行這條理念會太過保守，錯失很多機會。比如熟悉金融投資的人都知道，盈虧同源，當你避開一切風險的時候也就避開了收益。比如創業，一定有風險，難道所有人就都不創業了嗎？那新企業從哪裡來？

那麼，如何解決這兩個問題呢？

第一個問題理論上很好解決，即便不能絕對保證勝利，至少要盡可能把風險降到最低。就像《孫子兵法》計篇中提到的，「夫未戰而廟算勝者，得算多也；未戰而廟算不勝者，得算少也」。也並沒有說一定要絕對必勝再行動，只是說如果勝算多就做，勝算少就不做。

但多到什麼程度算多呢？少到什麼程度算少呢？是以五〇%為界限嗎？這裡並沒有給出明確的數量界定。

同時，這個理論的解釋也不能解決第二個問題。這個世界很多時候是盈虧同源，利潤就在風險裡。如果要絕對規避風險，就只好什麼事都不做，過完平庸的一生吧。嘗試有可能失敗，不嘗試一定失敗，我們也總聽人說，機會是試出來的，是在動態運動中摸索出來的。那麼到底要不要嘗試？和先勝後戰理念的矛盾怎麼解決？

這兩個問題的存在可以說是《孫子兵法》的一個小漏洞，這個漏洞本質上是個數學漏洞。《孫子兵法》只講大方向而不講數字細節，因為它不是數學書，那個時代的數學還沒發展到今天的程度，存在漏洞也很正常。現在，我們需要給《孫子兵法》打一個數學補丁——凱利公式。

凱利公式：$f = \frac{p_w r_w - p_l r_l}{r_w r_l}$

這個小小的公式，能夠解決《孫子兵法》遺留的問題。我們來看看這個公式是什麼意思。

首先我們明確知道，一件事情有可能勝利，也有可能失敗，那麼要不要做，要不要投入金錢、時間、精力呢？答案是，如果機會好，還是要投入。

那麼該投入多少比例？我有一萬元，要投資百分之幾的錢？我一週有二十個小時閒置時間，要投入百分之幾的時間？這個比例值才是我們要研究的核心。它就是公式中的字母 f。

凱利公式告訴我們，要弄清楚這個比例，就要考慮四個要素：p_w：有多大概率會贏；r_w：贏了能賺多少倍；p_l：有多大概率會輸；r_l：輸了會虧多少。

舉個例子，一檔股票，六〇%機率會漲，漲了賺五〇%；四〇%機率會跌，跌了會虧四〇%。你該用多少比例的本金去買這個股票？這就是投資界最難解決的分倉問題。凱利公式告訴我們，你該拿出來七〇%的本金去投資：

$$70\% = \frac{0.6\times0.5 - 0.4\times0.4}{0.5\times0.4}$$

當然，現實生活中有些事情的概率是無法事前得知的，比如你創業的成功概率具體是多少就不清楚，成功了能賺多少錢也不清楚。但是對風險高低還是可以有個大致估計。總的來講，勝算越高投入越大，能賺得越多投入越大。如果可能的虧損太大，f 算出來是負數，那就不投入。另外，上面公式中假設了r_w和r_l都不為零。如果r_w為零，即贏了也不賺錢，當然不投入；如果r_l為零，即輸了也不虧損，顯然應該全力投入。

對於各種事務的金錢、時間、精力等的投入，這個公式都能提供依據。可以說，凱利公式並不推翻《孫子兵法》中先勝後戰的思想，只是這個思想的一個數學補丁。先勝後戰包含的是知己知彼、事前計算的理念，而凱利公式則告訴你具體怎麼計算。

第三節　致人而不致於人

看透隱藏關鍵點，掌握人生主動權

善戰者，致人而不致於人。

——《孫子兵法．虛實篇》

各種戰爭、競爭與比拚，有時候表面上風平浪靜、平分秋色；實際上卻波濤洶湧、高下已分。

事情的關鍵點經常是隱藏的，尋常人未必看得懂。為什麼普通人看起來勢均力敵的局面，高手卻能堅定地說其中一方大勢已去或者形勢不妙？最難懂的隱藏關鍵點之一，就是「勢」。這個「勢」與前面講的大勢思維的「勢」並不一樣。這裡的「勢」，與致人而不致

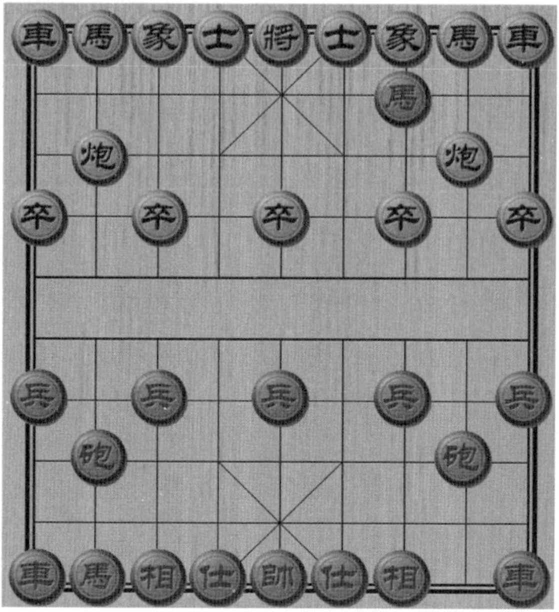

圖三十二

於人有關係。

主動權即是利益

致人而不致於人，簡單說就是要主動不要被動。這看起來是句廢話，但背後有很深的道理。致人而不致於人的理很抽象，不容易講清楚，為了方便大家理解，我們先來看幾個例子。

我最喜歡講的例子是中國象棋。同樣是馬，如果放在原始位置，基本上就沒什麼用；如果放在對方的臥槽位，就作用非凡（如圖三十二）。同樣是車，如果放在角落最邊上，它的威力就很小，如果

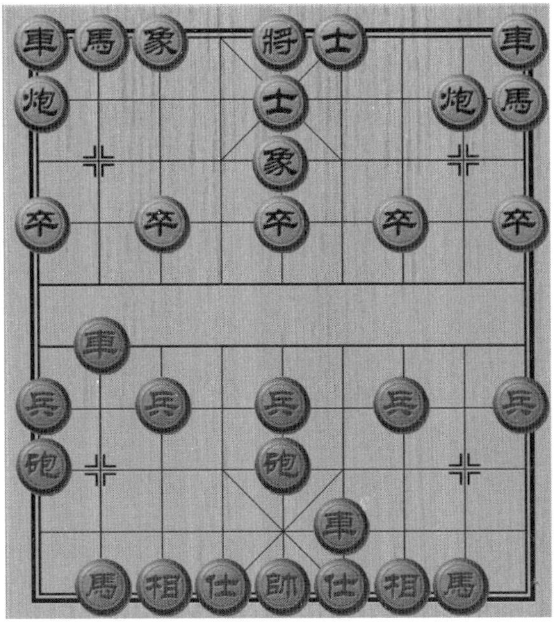

圖三十三

放在二八路或者四六路，它的威力就大很多。因為二八路的車能夠牽動、限制別人，而角落裡的車則什麼都做不了。所以象棋中有「三步不出車，死棋」的說法，就是說初期要儘快調動最強的子力才能壓制別人而不被壓制。另外，高手常常走出棄子爭先的棋，也是為了致人而不致於人。

圖三十三中，雙方子力完全一致，但顯然紅方（圖下方）形勢大好，主要子力（尤其是車）處於致人而不致於人的位置，而黑方（圖上方）的子力雖然齊全，卻非常被動，處處受制於人。當然，這是擺出來的結果，實際對弈中很難有人

下出黑方那樣臭的棋。

如果你對象棋完全不瞭解，不知道臥槽馬、二八車是什麼也沒關係，還有其他案例。三國時期的袁紹曾有一個把漢獻帝納入囊中的機會，可惜他錯過了，因為他想不明白，我要一個沒什麼權力的廢皇帝做什麼？把皇帝接過來不能給自己帶來直接的財富、兵力和地盤，似乎撈不到任何實際的好處。但曹操是個明白人，小皇帝雖然不帶錢財也沒勢力沒地盤，卻可以拿他的虛名來號令天下，處處占得先機。

曹操掌控著漢獻帝，發了一道升官的聖旨給袁紹（沒什麼實際利益，但是名聲很好聽），這聖旨袁紹接還是不接？接了，明擺著聽從了曹操的詔令，低人一等。今天接了升官的聖旨，回頭曹操再發一個對他不利的聖旨怎麼辦？不接，皇帝給你升官你居然敢不接旨？你就是明擺著造反，傳出去名聲非常難聽，失去人心。這就是曹操致人而袁紹致於人了。

戰爭學裡，有一個戰術叫圍點打援。比如我和你打仗，我圍住你一個城池，但是又不強攻，這時候你怎麼辦？要不要調動另外一個城的兵力去救？

你去救吧，那我就半路伏擊，在你救援的路上以逸待勞等你，還要提前挖個陷阱什麼的；不去救吧，萬一城被我打下來了呢？更可惡的是，你要是不來救，我天天拿個大喇叭對城裡面的人喊：「裡面的人聽著！你們老大已經放棄你們不來救你們了！趕快投降吧，我們繳槍不殺還有優待！……」說不定整個城就白送給我了。

你說你心不心煩？仗還沒開始打就感覺快要輸了。

救也不行，不救也不行，不管怎麼樣都覺得很被動，這就是我致你，而你致於我。那是不是就沒辦法破解了呢？其實也有辦法，歷史上著名的圍魏救趙就是一個破解法，而且破解得非常精妙，造成了反制。我圍你的城，你直接領兵攻我的首都。我要是不回救呢，萬一首都沒守住我就完了；我要是回救呢，那之前花大把人力物力圍城這麼久，不就白圍了？

回救也虧，不回救也虧，怎麼樣都覺得很被動，現在輪到我心煩了。

又比如，打戰爭類的遊戲，你有技能，我也有技能，是不是我們打起來就勢均力敵了呢？不是。如果我搶了先手，提前使用技能把你眩暈住一頓暴打，你還沒來得及出手就被幹掉了。搶先手，就是在遊戲當中的致人而不致於人。

再來看一個例子。假如一名小學生偷偷去網咖玩遊戲，自以為掩飾得很成功，但是第二天一大早去學校的時候同學告訴他：「你要倒大楣了，那個網咖老闆是班主任的親戚，班主任已經知道你昨天去網咖玩了，估計今天上午就要找你。」這時候他該怎麼辦？承認嗎？免不了一頓猛批怒罵再叫家長，回去說不定還得挨揍。不承認？鐵證在手，不承認就是罪上加罪，更加完蛋。

根據致人而不致於人的理念，他應該在班主任找他之前，主動向班主任自首，一把鼻涕一把眼淚，眼裡閃爍著真誠的光芒：「老師，我想主動向您承認一個錯誤，我昨天去網咖玩了。我好後悔，昨天一晚上都在想，我做這樣的事情如果耽誤了學習怎麼辦？既對不起老師又對不起父母。我好後悔啊嗚嗚嗚……」

一旦他搶了這個先手，老師反而不好意思懲罰他，說不定還要跟家長求情讓家長不要太責怪他。這就是致人而不致於人。

當事情的結果已經很明顯地擺著的時候，我們都知道誰輸誰贏了。但是如何促成這個結果？有時候我們做出來的一些舉動，表面上看對結果沒有影響，或沒有直接的利益增減，但實際上卻讓自己取得主動或陷入被動——它造成了一個傾向。這個傾向看起來非常微弱，以至於我們常常忽視了它。但這個主動和被動的傾向會在未來的演變中，逐漸變成人人可見的優劣之分。

就像曹操掌控了漢獻帝，雖然此時他和袁紹還沒開始正式爭鬥，軍隊還沒交火，但是曹操已經占得先機了。對真正的高手來說，不只是希望結果不要失敗，還要思考如何在過程中保持主動，能夠致人而不致於人。

不致於人的實踐應用

剛才我舉了很多例子讓大家來感受什麼叫致人，什麼叫致於人。現在可以給一個比較簡潔的精確定義：

所謂致於人，就是看上去你可以選擇，但卻是這樣選也不好，那樣選也不好，其實就是沒得選。

所謂致人，就是讓別人處於一種這樣也不好，那樣也不好的情境中，看上去有得選，實際上沒得選。

帶著這個定義，你可以看看上面的案例是否都有如此的特點。圍點打援，你救也不好，不救也不好，還沒開始打就感覺要輸了；曹操借漢獻帝之手給袁紹發聖旨，袁紹接旨也不好，不接旨也不行，莫名其妙就落了下風。

當你陷入某種兩難選擇的時候，你就已經致於人了。兩難選擇不好解決（否則怎麼叫兩難呢），有智慧的人要在兩難格局形成之前就解決問題。這就叫不致於人。

生活中應用最多的是讓自己不致於人，不陷入被動。如何致人則相對少一些，一般只有跟別人正面競爭對抗的時候才會考慮。其實，當你跟別人正面對抗時，就已經有點致於人了——受制於你的對手。當你跟一個對手競爭博弈的時候，往往其他人會鷸蚌相爭漁人得利。所以《孫子兵法》也說：「不戰而屈人之兵，善之善者也。」最好不打仗就能贏，這個理念與生態思維有相通之處。

這種致人而不致於人的思維，在人生的大格局中非常重要。生活未必會給你很多重新來過的機會，常常是一步被動則步步被動，尤其在頂級高手的競爭中，一個小小的受制於人的被動，會逐漸演化成致命的失敗。

讀書的時候，我一個朋友大學聯考後準備報外市的一所大學，後來他父母要求他報本地的一所大學。原本他和父母的關係不好，父母老想控制他、干涉他的自由，所以父母的意見他一般是不願意聽。但這兩所大學的水準確實是差不多的，他也覺得無所謂，就懶得和父母爭吵了。

我勸他，一定要報考外市的大學，哪怕兩間學校的水準確實差不多。為什麼呢？因為他當時人生的最大障礙不是大學問題，而是要早日從父母無窮無盡的控制和干擾中掙脫出來。留在本市離家太近，明顯地受制於自己的父母。如果父母要控制他，跑到學校去找他吵，他能怎麼辦呢？順從父母會害了自己，不順從父母就是無窮無盡的吵架，怎麼選都不行。可惜他當時沒有從不致於人的角度想明白這一點，還在糾結兩間學校的水準如何相近，沒有聽我勸告，結果大學四年過得苦不堪言。後來大學畢業找工作，發現有兩個工作，一個本市，一個外市，薪水待遇差不多，選哪個呢？這次他學聰明了，堅決跑出去，從此不致於人。

工作抉擇是另一個不致於人的應用場景。

海沙是一名大四畢業生，他想要找一份新媒體的工作。他畢業於自己老家三線城市的一所大學，找工作時考慮是在本地還是去北上廣深杭成等大城市闖一闖。不過由於三線城市的新媒體工作機會很少，不好找，所以大部分想要做新媒體工作的同學都去了大城市，他也投了深圳、杭州等地的幾個工作並收到錄取通知。

可是機緣巧合，他居然發現在本市有一家公司在招聘新媒體員工！作為一個三線城市的工作，會不會比大城市薪水少很多呢？與這家公司談過以後，他發現兩邊薪資福利待遇居然差不多！再算上大城市的生活成本更高，可能在本市公司的實際待遇更好！

兩邊薪資差不多，老家的生活甚至更輕鬆。如果你是海沙，該如何選擇呢？

也許有人選擇在老家工作。當然，這種選擇也不能說錯，畢竟人各有志。但是從不致於人的角度來說，他應該選擇大城市的工作。你可能記得我們在「換位思維」一章中提過類似的例子，但是這裡我們不採用六頂思考帽的方法來分析，而是用兵法思維來理解，從致人而不致於人的角度來考量。

儘管現在看來兩邊的公司待遇一樣，但是以後呢？注意，這並不是哪家公司以後的發展更好、漲薪空間更高的問題。如果你會在一家公司工作到底，可能兩種選擇差別不大。但是萬一未來你發現公司有問題，你需要跳槽呢？大城市的新媒體行業機會多，生態健全，就算公司沒有什麼前途想要跳槽也很簡單。如果留在新媒體行業不發達的小城市，一旦發現公司有問題就不好辦了。不離職，公司有問題耽誤自己發展啊；離職，小城市工作又不好找，沒有新媒體行業的機會，這就進入兩難了，怎麼選都不好。到時候再去大城市闖，成本就更大了，一切從零開始，還不如當初就出來。

為了避免未來進入兩難局面，現在就要做出智慧的抉擇，不致於人。

如何培養不致於人的思維

要做到不致於人，需要你考慮到以後發生的事情。考慮得越遠，就越能不致於人。所以要培養不致於人的思維，往往要和另一個思維技術結合起來——思維邏輯鏈。

你需要不斷問自己：如果這樣做後面會怎樣？會不會讓我處於怎樣都不好受的地步？連續追問多次。也就是說，你需要使用 5 Why 法或 5 So 法。

我曾經在一家智庫工作，除了完成公司的課題研究外，主要精力放在思維方法和學習策略的研究。有一天公司老總突然找我，希望我擔任部門負責人，進行一些管理工作。

這實在是個意外之喜，因為當時我還是部門裡到職時間最短的員工！升職意味著更大的權力，安排管理部門裡的其他人；更高的薪資，日常花銷更加輕鬆；更不必說快速升職的春風得意……於是我果斷拒絕了。

我的思維過程是這樣的：

So？如果我接受升職會怎麼樣？更多的錢，以及可能更多的管理工作。

So？如果沒有更多的管理工作，那又怎麼樣？就是白拿額外的薪水，賺了，但是也沒有很多，幾千元而已。

So？如果有更多的管理工作，那又怎麼樣？

更多的工作讓我很難抽出時間繼續做思維方法和學習策略的研究。如果我繼續堅持自己的研究，管理工作會做不好，有損職業道德；如果不繼續研究，則放棄了自己最感興趣和最擅長的東西，長期來看會產生極大的損失，包括金錢、成就感、生活的快樂等——我會陷入兩難。

即，我將受制於此次升職。

所以正確的決定當然是不接受職位。連續幾個So，就做出看似不合理、實則非常正確的決定。

第四節　勝可知，不可為

追求勝利的正確節奏

勝可知，而不可為也。

——《孫子兵法．軍形篇》

機會未到時，不可妄動

勝可知，不可為——這句話具體是什麼意思？為什麼是這樣？讓我們來看看這句話的完整版：

「昔之善戰者，先為不可勝，以待敵之可勝。不可勝在己，可勝在敵。故善戰者，能為不可勝，不能使敵之必可勝。故曰：勝可知，而不可為。」

這段話先要有個前提，就是一場戰爭，兩邊實力是在同個數量級上，沒有碾壓性的差距。在這種情況下，善於打仗的人，先要做到自己沒有明顯弱點和失誤，讓別人無法輕易戰勝自己。與此同時，慢慢等待別人犯錯誤，然後抓住機會取勝。做到自己沒有漏洞，這是自己可以把握的；要別人有漏洞，這就不是你能控制的了，是別人的事情。所以善於打仗的人，只能保證自己不輸，不能保證別人一定輸。所以說，勝利是可以知道的：當別人露出破綻，給了你機會的時候，你看到這個機會，就知道我可以贏了。但是如果別人沒漏洞，不給你機會，你就沒法贏了，只能繼續等待和僵持。如果這時候要強行進攻，反而就露出了破綻，成了敵人的可勝之機。

這段話對我們的現實生活有極大的借鑑意義。在生命中，你的一切外部因素、社會特性、時代趨勢等，就相當於你的敵人。當然，此處的敵人並不是說全世界都和你有仇，而是說，外部世界是你的對手。所謂不可勝在己，人生中，你能夠做的是保證自己不被小困難擊敗，但是可勝在敵，不能保證自己一定能獲得巨大的成功——不論你是多麼優秀（善戰者），都無法得到這個保證。可勝在敵，即你能否取得巨大的成就，在於敵人有沒有破綻，世界、時代有沒有給你機會。

比如三國時期，湧現了很多風雲人物。為什麼三國時期有這麼多千古留名的精英？因為時代給了他們這個機會，時代展現出「可勝」的特性。如果放到和平時代，諸葛亮、周瑜能幹嘛呢？大約到一個企業當CEO，一年賺個幾百萬吧，雖然混得還不錯，但是距離他們原本千古留名的水準就差遠了。再比如，馬雲創立阿里巴巴這個偉大的企業，其個人能力自然是非常強大的。但是他能否在一九九〇年就創辦阿里巴巴呢？顯然不行。他必須等到二〇〇〇年左右才能創辦電子商務，因為時機到此才成熟。

這些結論與大勢思維有點類似，當趨勢、時代的潮流到來的時候，你容易成就大事業。但與大勢思維不同的是，勝可知不可為的思想，還強調了時機未到的時候，不可亂動。

讓我們假設一下，如果馬雲在一九九〇年就創辦阿里巴巴會怎麼樣？顯然，當時的互聯網在技術上才剛剛起步，還沒有任何成功的商業應用，世上絕大部分人都不知道互聯網是什麼東西，更別說電子商務了。所以，馬雲會被迫在黑暗中摸索近十年，需要組建自己的技術團隊來開發互聯網的基礎技術，但中國當時根本沒有相應的人才，所以基本上必然會失敗。隨著房租、員工工資、硬體成本、管理費用等帶來巨大成本，他幾乎沒有可能撐到二〇〇〇年左右互聯網萌芽的時期，極有可能短短兩三年就死掉，不論他韌性多強都撐不過去的。

一般人常犯的一個錯誤是，他努不努力、拚不拚搏，是按照自己的心情。也許哪一天晚上他長夜難眠，回首自己的人生，覺得打工領薪水的日子太平庸無味，想要幹點事業，懷著這種激動的心情，他也許最近一兩個月就忍不住辭職創業了，完全忘記考慮時機是否成熟。這種衝動的行為常常是九死一生。

問題在於，很多人基於對自己的實力或運氣的過度自信，常常看不到這種九死一生的險境。他會想：我決定做這件事，是下了很大的決心，我一定會很努力很拚命，一定會把所有的資源都調動起來——因此我成功的機率很高。他會太過專注於自己的想法而忽略了外部的環境。

而實際情況卻常常如《孫子兵法》所說：勝可知，不可為。當敵人沒有露出破綻，命運沒有給你機會的時候，你的拚搏、掙扎都是沒有意義的，你不可能憑空製造出機會。因此，你需要的是忍耐。

金融投資界有一句格言：「最難的不是交易，而是不交易。」對於聰明的交易員來說，在機會來臨時連續盈利不是難事，但在沒有機會時管住自己的手不要胡亂買賣卻是最難的。成熟的交易者未必能掌握所有盈利的模型，但他們一定擅長等待，不該出手的時候堅決不出手。

當命運給你機會的時候，你可以識別並抓住它；當命運不給你機會時，你就不應該胡亂行動。這個理念不難理解，但有些人會有誤解：如果長時間沒有機會，難道我就什麼都不做在家睡大覺嗎？

勝機未至的時候，我們該做什麼？

構建自己的「不可勝」

在命運的洪流面前，先要保證自己的不失敗。即「先為不可勝」。不可勝在己，可勝在敵。當外界沒有給我們可勝的機會時，很顯然，我們要努力保持自己不斷成長，變得強大，不會出現各種錯誤，不被別人打敗，這就是讓自己不可被戰勝。

兩支古代軍隊打仗，雙方兵力相當，各有一座城池可以防守，城池都非常堅固，易守難攻。假設你是其中一支軍隊的將軍，你決定怎樣攻下對方的城池，取得勝利？

最錯誤的決策就是，哪天三杯美酒下肚後自覺豪氣沖天，帶著軍隊就猛攻對方城池，很有可能損失慘重，直接戰敗。因為對方並沒有露出破綻，你的盲目進攻無異於自殺。

正確的做法是，在對方沒有露出破綻的時候，你要忙於自己的「不可勝」。你要思考，如何才能讓自己不會露出破綻？你要每天忙於訓練士兵，提高他們的戰鬥力；要部署軍隊二十四小時巡邏，以免對方半夜偷襲；要規劃城中的水資源，以防對方用火攻；還要安排農民耕種，以保證軍糧供應；你還要訓練間諜，混入地方城池，探聽消息等。總之，你有太多的事情可以做。唯獨不能做的就是莽撞地進攻。

如果你的敵人是個聰明人，他應該也會做同樣的事情，他的城池防禦也一樣嚴絲合縫。在他沒有給出可勝之機時，你需要一直等待。也許有一天，你突然發現對方城池當中由於某種原因發生了大量士兵逃跑和叛變，又或者很湊巧老天打雷剛好擊中對面的糧倉燒毀了大半軍糧！這就是天賜良機，所謂「可勝在敵」了。你能夠勝利的機會，是敵人和老天爺給出來的。這個時候，你才能抓住機會迅速進攻，一擊制勝。

這個過程的難點有兩個。一是自己的不可勝需要充分修煉內功，而在修煉內功的過程中你可能毫無成就感，覺得很沒意思。今天帶士兵練練陣法，明天又去倉庫看看兵器供應，波瀾不驚毫不刺激。也許在長年累月的對峙中，你無法取得一絲成就，這會讓你感到無聊與煩躁。

第二個難點可能更加關鍵。你並不能提前知道對方一定會發生叛亂，或預測老天打雷剛好點燃敵軍糧倉。即，敵人的可勝，是不可預測的。也許他今天會露出破綻，也許明天才會，甚至永遠不會！我們會進入一種不可測的恐慌：萬一對方永遠不露出破綻該怎麼辦？

在現實的世界裡，正是這種恐慌往往會擊潰我們冷靜等待的耐心，讓我們無法安心地去做那些真正該做的事情——增強自己的實力，構建自己的不可被戰勝。

所以我們會看到，很多人努力了幾年之後沒有看到命運給自己什麼機會，要麼放棄自甘平庸，要麼就倉促出擊，然後在某個環節上失敗。從更深的層次來看，他們不是敗給了某個技術細節，而是敗給了對未知命運的恐懼。

我想要告訴大家的是，命運永遠不給你任何機會的這種情況幾乎是不會發生的。你的敵人一定會犯錯，你的人生一定有某些重大的機會，只要你保持不可勝並且願意等。尤其在這種風雲變幻、日新月異的時代，各種浪潮與趨勢的誕生非常迅速，你不僅一定有機會，而且常常有很多機會。只要你持續累積內功，讓自己不被一時的困難擊敗，那麼終有一次機會能夠讓你飛騰。

只不過，社會節奏的加快不僅讓機會變得越來越多，也讓你的耐心變得越來越少。大多數人都在敵之可勝來臨前，輸在自己不可勝的構建上。電影、遊戲、無意義的聚會狂歡等過早地吞噬了人們的心智。在生命較早的區間裡，他們不僅會錯失幾次機會，而且還要看著別人平步青雲。媒體會刻意渲染那些二十五歲當上頂級公司副總裁、二十二歲拿到幾千萬融資的超級成功案例，讓接近三十歲甚至年過三十還未有成就的人無比失落。

總的來說，社會在樹立一種少年得志的榜樣，但對於大部人來說，更靠譜的是大器晚成的路徑。不過在《孫子兵法》的體系中，少年得志與大器晚成並不矛盾，都是勝可知不可為的典範，只不過是在先為不可勝的基礎上，有些可勝來得早，有些可勝來得晚而已。

具體如何保證自己的不可勝，方法繁多，學習知識技能、鍛鍊身體又或是研究本書中提到的各種思維方法，都能讓你變得更強。本節給你的啟示是在宏觀層面上告訴你，該積蓄力量的時候積蓄力量，該給出致命一擊的時候就給出致命一擊。

本章結語

在風險與機遇間，以兵法思維立於不敗之地

如何在漫長的人生中規避風險，抓住機會，取得最終的勝利呢？這個問題以其過長的時間跨度、過多的影響因素而顯得尤為複雜，以至於普通思維方式根本無從下手。提煉於《孫子兵法》的三種兵法思維經過幾千年的流傳和時間，我們可以將它作為一種先驗的哲學式思維方法，為我們漫長人生中多變的命運提供三條安全線。

「先勝後戰」告訴我們不要莽撞盲目，先算清楚勝敗再行動，凱利公式又為這一理念打上數學補丁，讓其更加具有可操作性。「致人而不致於人」讓我們高瞻遠矚，不要等到情況變得顯而易見、不可扭轉才察知，而要見微知著，從一開始就不出現微小的差池，最典型的就是不要受制於人，要時刻掌握主動權。「勝可知不可為」則告訴我們，要敢於出擊，更要能夠等待，要搞清楚什麼能做什麼不能做，無仗可打的時候要耐得住寂寞。

作為兵法思維的組成部分，三種思維方式都非常注重風險規避，從三個不同側面講述如何控制風險。三種思維方式不僅互有關聯，而且與其他章節有深遠的聯繫。如果你細細品味，會發現致人而不致於人與生態思維千絲萬縷，而勝可知不可為則與第九章的「精神圖騰」和對應的人生模式一脈相承。

至此，思維格局篇已進行了大半。從生態思維到兵法思維，很多人生中至關重要的方向性選擇都能獲得啟示。那些決定人生格局的深度思維方法形成了一個嶄新的世界，而這個世界還欠缺最後一塊拼圖。在第九章中將補全這塊拼圖並點明本書的主旨：我為什麼要寫這本書？

你將看到，在我心中，這本書寫的不僅是思維方法，更是命運與人生。

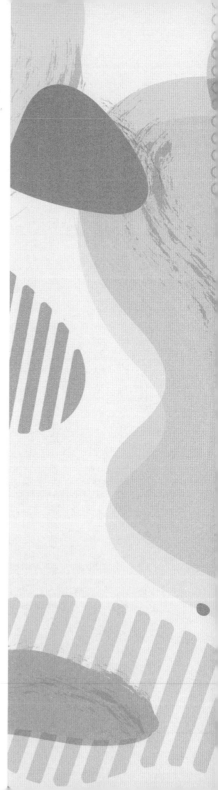

第九章　慢即是快

——如果沒有背景，缺乏資源，你該如何逆襲

在這個鼓吹少年得志的時代裡，我更崇尚大器晚成。對於出身平凡、缺乏資源、沒有背景的人來說，專注做好一件事才是最可能的生存之道。慢即是快，這是技術，也是心法。

第一節　你在羨慕別人的精彩人生嗎

從跨界天才到斜槓青年

如果你看過電影《鋼鐵人》和《復仇者聯盟》，你或許對其中的典型高富帥角色東尼．史塔克印象深刻。此人智商極高，超級有錢，無比拉風，常有美女相伴，簡直匯集了所有男人的夢想和女人的幻想。他學知識很快，做事業很快，連成為超級英雄都很快。總之，他以極快的速度取得空前的成功，如同神人一般。但你知道嗎？據說這個虛構角色是有原型的：伊隆．馬斯克。

伊隆．馬斯克智商超高，在不同領域展現了偉大的才能，閃爍著耀眼的光芒。他十二歲就製作出一款成功的遊戲並高價賣給大公司。二十四歲開發線上內容出版軟體Zip2，《紐約時報》和《芝加哥論壇報》這樣的巨頭都成了他的客戶，他因此狂賺幾千萬美元。接著他又離開媒體產業進軍線上支付，創建電子支付網站「X.com」，並設計國際貿易支付工具PayPal，被eBay收購後又賺了幾億美元。然後他連金融也不感興趣，居然跑去做太空探索技術公司（SpaceX），成為地球上第一個發射火箭的私人公司，把美國太空總署的工程師們驚得目瞪口呆。在此過程中，還順便創辦了目前火熱的特斯拉汽車公司和一家光伏發電企業，以及投資了幾部電影。而現在，他正在研究火星殖民計畫，準備幾年之後在火星建立實驗室和小規模居住地。

總之，他進入一大堆不相干的行業，卻又把每個行業都做到頂尖，厲害得一塌糊塗。

有些人他們或許沒有伊隆．馬斯克那樣耀眼，但也活得十分精彩。如果你看一眼他們的名片或社交網站介紹，上面可能寫著：互聯網創業者／攝影師／作家／自媒體人／商業顧問師／股票投資者／……

同時涉足這麼多領域，他們的生活該是多麼精彩！不僅賺了大量的錢，而且工作一點都不無聊。即便比不上伊隆．馬斯克這樣的超級天才，也算是同齡人中的精英了，過著優越而令人豔羨的生活。

伊隆．馬斯克是一個徹頭徹尾的跨界天才，那些斜槓青年也常常是人中龍鳳、同齡人中的佼佼者。他們精彩的故事給我們帶來心靈的衝擊，他們成功人生的發展軌跡更是需要我們這些普通人時時刻刻銘記在心的……

反面案例。是的，你沒看錯，反面案例。

在各種各樣的成功案例中，伊隆．馬斯克這一類是非常危險的。而他的成功又太過耀眼和正面，讓人忽視了其巨大的風險。跨界、斜槓青年這些詞彙看起來非常美好誘人，但請記住，對於沒有背景、缺乏資源的普通人來說，它們是致命的敵人。

一般人很容易看到成功者勝利的結果，但不容易看到他們勝利的過程。我們無法想像他們在過程中經歷了怎樣的難關，並以怎樣驚人的方式去化解各種問題。簡單來說，我們對於這些成功者的能力、資源、背景的優越程度，欠缺真實的瞭解。

一邊開發電動汽車一邊研究火星殖民，這當然是很精彩的人生，但是普通人擁有伊隆．馬斯克那般高超的智商和思維能力嗎？一個商業精英突然跨界做醫療或教育也是讓人震撼的，但是你有他們那樣雄厚的資金和廣泛的政商關係背景嗎？在多個領域都做出了不起的成績，背後對應的是普通人無法企及的智力、資金、人脈和身居高位帶來的內幕。一個不具備這些條件的普通人，模仿他們的人生軌跡，無異於自尋死路。

普通人應該做的事情，恰恰應該是反跨界、反斜槓的。

第二節　沒有背景、缺乏資源的人該如何逆襲

專注，是普通人的最好出路

對於沒有背景、缺乏資源的人來說，專注，幾乎是唯一的出路。

專注，就是把你（幾乎）所有的時間、精力、資源等，都投入到一件事情上去，不要分散到多個地方。如果你是一個財務工作者，那麼請把財務知識鑽研到極致，把你有限的時間都投入到提高自己的財務專業水準中。如果你是一名老師，請把自己的教學能力發揮到極限，把你不多的精力全部投入到教學的學習和發展裡。

長時間專注於一件事情，似乎效率很低，人生進展得很慢，不夠精彩。但對於普通人來說，慢即是快，專注才是最好的選擇。

為什麼你需要專注

投入和產出，從來都不是成正比的。我們要意識到，大部分的投入都是不能產生直接價值的。你可能會唱歌，你曾經在小學音樂課投入幾十上百個小時學習各種音樂知識和發聲技巧，但這不能讓你成為職業歌手並賺取金錢。你也許會下棋，還花費好幾年時間在少年宮（編按：中國提供兒童與青少年課外活動的場所）的圍棋教室學習入門手法和死活棋計算，但只有柯潔（編按：中國職業圍棋九段）能靠圍棋生存，而你不能。即，你的這些投入，都無法產生直接的經濟價值。

非線性的投資——收入關係

實際上，資源投入和能力成長的關係，完全不是一條直線，是類似於生物課本當中介紹的生物成長 S 型曲線。而資源投入與收入水準的關係也不是一條直線，而是類似於一條增長更慢的 S 曲線。

可以看到，當你最初投入一些資源的時候，你的能力水準並沒有得到飛速提升，更無法因此獲得收入。即便再投入一點資源進入快速提高區間，獲得了一定的能力成長後，收入水準也非常一般。只有當投入大量資源進入高原期以後，收入水準才能迎來真正的大幅增長。

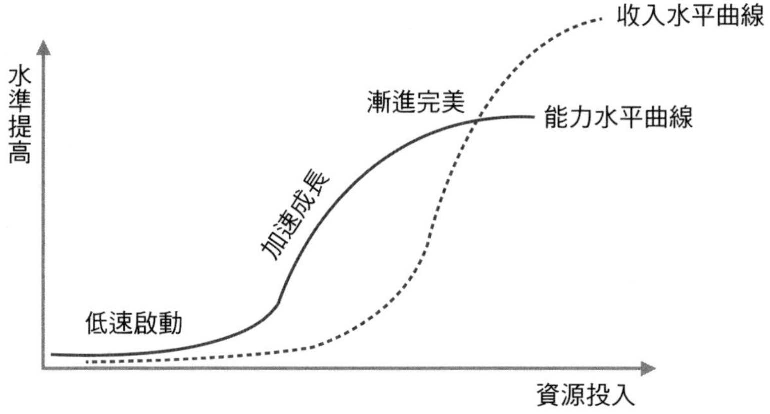

圖三十四

對於那些智力、知識積累、技術水準、人脈、資金等資源本就不出眾的人來說，如果他們把有限的資源分散到不同領域，那麼每一個領域都會停留在低速啟動區間，偶爾可能進入快速提高區間，而他將永遠面臨較低的收入，以及隨之而來的各種煩惱。所以普通人最好的策略就是專注，把所有的力量集中到一點，在一個領域衝進能力的高原區域，並得到金錢上的自由。這是一條對普通人來說風險最低、成功率最高的道路。

我有一個朋友就是標準的普通人，無背景無資源，農村家庭出身，讀了一所誰都沒聽說過的大學。後來這個資源貧乏的年輕人進入教育業當起了老師，他該如何在教育行業發展自己的事業呢？

他的策略是，集中所有精力做好一件事——遊學。他帶領學生在山川河流間進行感悟和體驗，一般遊學機構開發不了的路線他去開發，找不到的奇觀妙景他去一點點找，然後帶著學生去感受。一般遊學機構只能在著名景區的人山人海裡走過場，而他設計的路線卻每每能到達環境清幽、山靈水淨之處，帶給學生的心靈觸動自然就大不一樣。以此優勢，他從一窮二白起家，迅速超越眾多資金雄厚的機構，成為遊學教育的一顆新星。

尋找更清幽、更靈動的風景，這是很難的事情嗎？無非是多逛逛戶外論壇、多跑跑路、多實地考察而已。但就是這樣一件簡單的小事，他比別人投入更多的精力，更加專注，做得更加極致，因此取得了巨大的優勢。現在他早已年入百萬以上，超過社會上的絕大多數人。

對於一般人來說，這種案例遠遠比馬雲、馬化騰等天之驕子的案例更精彩。馬雲如何成功的跟我們這些普通人其實關係不大，九九％的人就是注定做不了驚天動地的大事業，但我們需要過好這一生。最平凡的人如何過體面的生活，維護自己的基本尊嚴，給父母兒女提供基本的生活庇護，這才是真正重要的話題。

如果一名無資源、無背景的不知名大學畢業生能透過專注在一個細節開闢自己的小事業，那麼你呢？你對自己有信心嗎？你需要做的不是懷疑自己的才能是否足夠，而是思考自己對專注這兩個字的威力是否有足夠的認識。

也許你疑惑，也曾經聽說過資源整合、多元化發展等思路，也知道不少成功案例，但這些思路的方向卻與專注的策略截然相反。甚至，在本書第五章「生態思維」中提到的池塘模型，似乎與專注努力不一致。如何理解這些矛盾呢？

很簡單，專注努力作為最優策略，是對缺乏資源和背景的普通人來說。當你既沒有可觀的本金，也缺乏高端人脈，連專業技能和學歷都不那麼突出的時候，你是無法進行資源整合的——你如此弱勢，資源憑什麼聽你調遣呢？對於資質、背景都很普通的人來說，專注努力是最佳策略。相對地，當你的資源越豐厚、天賦越高時，你進行資源整合、跨界發展、多元化經營的空間就越大，成功率也就越高——但依然不可高估。

被光芒掩蓋的陷阱

類似伊隆．馬斯克的成功人生案例影響力太大，以至於不少人產生了這樣的想法：「如果能有這樣精彩的人生該多好啊。伊隆．馬斯克這樣的天才能投身於十個領域，每一樣都做到頂尖；我雖不是天才，但是資質也還可以，也不要求頂尖，優秀水準就夠了，我就搞個三四個領域吧！」某個針對十八至二十五歲年輕人的調查顯示，有八〇%以上的年輕人想成為斜槓青年，足見這種想法不是少數。

這世上有很多聰明人，有更多自認為很聰明的人。但不幸的是，在聰明人當中也只有極少數頂級天才能像伊隆．馬斯克那樣精通多個領域。大部分優秀的聰明人，如果涉足多個領域，也是要失敗的。

籃球之神麥可．喬丹曾經自認為能同時做好籃球和棒球兩個領域，結果大家都知道，這位籃球場上神一樣的天才在棒球場上連個二流水準都混不上，最後只能再回到籃球場。好在喬丹確實是歷史級的天才，回籃球場以後繼續當自己的籃球之神。連喬丹這種頂級天賦的人也無法做好兩個領域，何況一般人？

某位在中國商業領域叱吒風雲、被各大媒體廣泛報導的「女神」級人物，後來離開商場去搞教育辦學校。一開始似乎擺出了要大辦教育公益、頂級教育創新模式的架勢，結果後來聲音越來越弱，爭議不斷。專業教育智庫的調研人員和他們學校的老師一聊天就覺得不扎實、不專業。當然，該「女神」是為了解決自己孩子讀書問題才去辦學校，以她的資源和背景，任性一把倒也無妨，但依然無法改變越跨界越業餘的規律。

諸如此類的案例不勝枚舉。

我們都曾在大學時期見過活得精彩紛呈的牛人，他可能同時在象棋社、話劇社和辯論社擔任核心人員，還兼任學生部宣傳部長，同時又在某大企業實習，而且學業也不錯，能拿獎學金，反正看起來很「斜槓」。但我們可能忘記了，幾年後當他步入社會時，他的象棋、話劇、辯論、宣傳行銷等能力都達不到專業水準，離能夠依此立足還差得很遠。在精彩的學生生涯結束後，他們很可能最終還是依靠自己花最多時間精研過的能力去工作和生存，曾經的斜槓只不過是一種有趣的生活體驗，在人生發展和事業成就的道路上，斜槓不過是些微小的點綴。

很多時候，即便是聰明人和成功人士的斜槓經歷也並不成功，只不過被包裝得很精彩，或者在跨界失敗的陰影被專業領域的強大成功光環所掩蓋。你要明白，身體素質極好的麥可．喬丹去打棒球的水平，以及頂級名校畢業、商業能力出眾的某「女神」辦學校的能力，已經被人嘲笑了；而有點小聰明的普通人去跨界經營多個領域所能達到的層次，只會比他們更弱。

值得注意的是，專注一個領域與通識教育、多學技能、多瞭解社會動態等都沒有衝突。通識教育是中小學和大學的事情，與步入社會後的人生規劃、職業發展等並不衝突。如果工作中要用到 Excel 和影音剪接的技能，那麼花幾天時間學相關軟體的使用，並不會對你專注於自己的領域產生負面影響，很可能反而有利。多瞭解社會各方動態與新鮮事物也是好事，只要不造成資訊超載和拖延即可，有時候，你還能從中發現行業生態、未來趨勢的變化。

為什麼專注很難做到

不過，真正去專注於一件事情，依然不容易。我們會面臨各式各樣的困難，其中有兩個問題最有共同性。

第一，如果自己傾盡全力投入的大方向就是錯的怎麼辦？

所謂選擇比努力更重要，在這個問題裡特別明顯。如果選擇錯誤的方向，那麼專注則會讓你越錯越遠。不少人正是因為對一條路走到黑、錯得很徹底產生了恐懼，故而保持所謂多元化的選擇。一邊似乎降低了選擇錯誤的風險，一邊也分散精力，降低了成功概率。

第二，加速成長末期的技術難度。

在快速提高區間的最後一部分，水準的成長會進入瓶頸，無法再快速提高了。後面的每一點點增長都對應著艱辛的付出和卓絕的努力，這不免讓人懷疑，值得嗎？根據二八定律，八〇%的技術內容能夠通過二〇%的時間獲得，而剩下少量的二〇%內容，卻需要耗費八〇%的時間！隨著學習效率越來越低下，很多人感到太累了，不願意繼續艱苦的進步。

如何解決這兩個問題？

先來看第一個問題。如何避開各種讓努力白費的方向性錯誤誤區？這是一個影響深遠、至關重要的問題。在錯誤的方向上專注努力永遠也不會產出成果。但你更應該明白，永遠分散自己的精力，不去專注於某個領域才是最大的風險。專注於某個領域，也許是對的，也許是錯的，概率未知；但永遠分散自己的精力一定是錯的，概率逼近百分之百。

在明白必須專注以後，再來考慮如何選擇正確的、值得專注努力的方向。其實，這就是本書下篇「思維的格局」所寫的內容。所謂選擇比努力更重要，而做好大方向的選擇，則需要以更大的格局、更高的思維智慧來指導。

在「生態思維」章節中我列舉了一個互聯網創業者的案例。一位天賦普通的互聯網創業者面臨兩個選擇：留在北京的大互聯網公司當基層員工，或者去河北的一家農業企業當技術專家，然後進行農業領域的互聯網創業。根據生態思維，他選擇了更有利於自己的方向，然後可以專注地努力下去。在「大勢思維」一章中提到要去瞭解科技和行業變化的趨勢，未來幾十年，顯然人工智慧行業比鋼鐵業更值得你持續專注。

事實上，要確認某個領域是否值得你專注努力，一個重要的原則是，它最好不要違反大級別的趨勢。二十年前有個職業叫打字員，後來快速被市場淘汰了。如果當時的打字員們能夠看清未來趨勢，那麼他們就知道不應該在這個領域專注努力，而應該早點切換到另一個領域上。現在，鋼鐵和煤炭等傳統行業的趨勢也比較明確了，未來雖然不會快速消亡，但有很大機率會持續萎縮，發展前景堪憂。如果不是特別熱愛或者特殊原因，這些領域也不是很好的選擇。

除此之外，選擇要專注哪個領域就沒有太多的顧忌了。根據常識，你可以在自己感興趣或者擅長的領域中選擇，如果能夠兼顧興趣和專長最好。在足夠細分的領域專注下去，大多數人都可以做到足夠精通，形成專業優勢。

至於第二個問題：如何突破快速提高末期的技術瓶頸，則是本書上篇「技術大師」所講的內容。各種思維技術的學習，能大大提高你突破瓶頸的概率。思維邏輯鏈可提高深度思考的能力，視覺化思維有助於你處理複雜訊息並提高工作效率，換位思維則幫助你理解他人的想法，這些思維技術都會從某個角度幫助你克服所在領域的困難。

另外，快速提高末期的技術瓶頸，會被你對回報的預期所影響。要搞定比較難的事情，先不提技術方法，首先得有一股狠勁，有猛烈的決心。而這種猛烈的決心從哪裡來呢？一定是你認為這樣做是真正值得，它的收益比付出更大。如果你對投入與產出的非線性增長關係，即第三〇八圖三十四所展示的道理，不是很明白，你就很容易低估了突破技術瓶頸的作用，然後提不起一定要攻克難關的決心。就像很多家境平庸的學生，不明白生活的艱難以及教育改變命運的力度，輕描淡寫的一句「讀書無用」就自我放縱、逃避努力學習，毀滅了自己未來幸福生活的可能。

第三節　我的故事

一個平凡人，是如何逆轉命運的困局

我的人生是一部減法

陸游說：「紙上得來終覺淺，絕知此事要躬行。」本書中寫的所有思維方法，我都有過比較深度的實踐，對專注於一個領域的這個道理，則感悟尤為深刻。

我曾經不懂得人應該專注、聚焦的道理，犯過嚴重的多領域經營錯誤。我研究思維與教育，在思維與教育這兩個大方向中的多個領域裡齊頭並進，耗費大量時間。

我研究思維，思維的分支領域好多啊！首先要懂多種思維方法，比如視覺化思維、批判性思維、創造性思維、換位思維、結構化思維等。還要懂底層原理，大腦的構造和運行特性、神經傳導模式、行為神經生物學、細胞神經生物學等。但是神經生物學的研究並不能直接與具體可執行的思維方法聯繫起來，還需要一個仲介的學科——認知心理學，所以我又深度閱讀了不少認知心理學的書籍和文獻。當然認知心理學並不能包括所有的思維方法（實際上只有少數一點點），更多的思維模型是在具體的學科中，這就是偉大的投資家查理・蒙格提出多元思維模型的依據，他認為要真正精通思維方法，得學習幾十個不同專業至少一百種思維模型……

我研究教育，教育的分支領域也不少！學校的管理影響一所學校的整體運行，很重要啊，於是我去研究。學生的心理健康很重要，心理出問題的學生根本沒法正常學習，生活也特別不幸福，於是我研究心理治療和情緒疏導。家長對學生的影響很大，超過學校和老師，太重要了，所以我也研究家庭教育。同時，班級是教育進行的最小單位，班級管理與班級文化建設是非常重要的，我肯定需要鑽研。而教育不能空談，要落實到具體的課堂上，所以課堂教學方法我也要研究。在課堂上教的當然是各個學科，所以各個學科的具體教學和學習策略我都要研究。光有學習策略還不夠，還得有大量學科資源，所以我也蒐集整理各種學科的優質教學資源，大量的紀錄片、教學視頻、圖書清單。另外，教育的方法也有很多種，場館教育、專案式學習、遊學……

更可怕的是，除了思維和教育的專業研究外，我還有其他的興趣愛好。經濟領域我很感興趣，國家產業變化、房地產調控、稅率改革、大國戰略、全球博弈乃至股市等我都想瞭解。

哲學和宗教領域也不能錯過，這簡直是一切人類文明都繞不開的問題。中國傳統文化這麼優秀，不深度學習一下還能算是中華兒女嗎？所以我又耗費大量時間學習研究道家和佛家的主要思想原理與技術方法，從《心經》、《金剛經》到歷代禪宗公案與密宗的主要觀點等，從《老子》、《莊子》、《列子》到《鬼谷子》、《孫子兵法》等，都有所涉獵。至於流傳更廣的《論語》、《大學》、《中庸》等，各家解讀自然也是要參考一下的……

總之，那幾年我付出無數心血，耗費無數精力和時間，活得很累。這樣的心血換來什麼呢？除去偶爾有人隨口感嘆一下「你真愛學習啊！」、「你知識面還挺廣」以外，基本沒有任何成就。

由於在各個方面涉獵得太廣，所以每個方面都學得很淺。哪怕是思維和教育這兩個我的本職工作，做得相對深一點，但也達不到業界的領先水準，缺失大量的具體技術細節，沒法幫助別人解決具體問題。那段時間我過得既痛苦又迷茫，為什麼付出這麼多精力卻過得不盡人意呢？時常夜不能寐、枯坐冥思。

後來我終於想通了，自己分散精力到諸多領域的行為完全錯誤。我不是智商二〇〇的鋼鐵人式超級天才，根本不可能同時精通這麼多領域，沒有一個真正精通的領域正是我早年困境的根本。只有削減、刪除掉眾多冗雜的內容，真正專注起來，才能有所突破。

於是我進行了系統性的刪減，削減大量非專業內容的時間耗費。首先，興趣愛好類的時間耗費基本上全部清空。經濟領域僅偶爾看些行業報告，瞭解社會趨勢變化和行業動態；哲學、宗教與傳統文化領域僅保留一部分與思維有關的內容，如《孫子兵法》等。《老子》、《莊子》雖然也包含深刻的思維理念，但語焉不詳、難以理解，不利於快速學習，也停止繼續研究。

連專業領域也需要大幅度清理。思維這個領域太大了，我要求自己專注在思維方法的具體應用，至於我思考時所使用的是大腦的頂葉還是顳葉，我完全不需要研究太深，更不需要知道細胞信號傳遞時有哪些化學介質參與。我只需要瞭解部分核心認知原理就好了，比如經典的工作記憶模型和大腦的自我組織機制。教育領域也刪除大半，篩選出自己應該專注聚焦的分支。根據我的興趣和擅長，我選擇學習策略的原理研究和學科應用，其餘家庭教育、班級文化、學校管理、心理治療、場館教學等一系列內容全部清理。

刪除所有非核心區域後，我把空出來的時間全部投入到思維方法與學習策略領域中，進行更深入的研究，解決了大量細節問題。我把這些研究結果中的一小部分寫成文章發到知乎、微信公眾號等平臺，或做成培訓課程產品，結果獲得熱烈的回響。很多人看了我兩個公眾號（「學習策略師」與「人生策略師」）的文章，激動地給我發訊息，說自己得到了某些啟發、解決了很多問題；有些中學生和家長說他們調查市面上幾十上百家學習方法類課程，覺得我的學習策略課程最有深度、最有效果；還有各類企業、學校、區域教育局邀請我去講課，據他們進行的課後調查，發現我的課程總是很受歡迎並有實踐效果。

各種讚揚聲絡繹不絕，這和我之前困惑、痛苦的人生，才間隔不足五年。

也許有人懷疑，我專注思維與教育，這還是兩個領域啊，並不算真正的專注。一方面，教育領域中我只專注學習策略，其他內容全部清除，因此並不算是一個完整的領域，思維領域中也剔除大量內容。另一方面，思維方法與學習策略中有大量內容是相通的，只有知道最高效的思考，才能解決學習的效率問題，所以各種思維原理與方法自然能轉化成學習策略，相互促進。基於這兩個原因，思維方法與學習策略可以合併看成一個領域。

撇清冗餘資訊，專注於一個領域慢慢累積，讓我的成長大幅加速，生命變得真正精彩起來。有意思的是，後來有人說我就是個跨界者，因為我又做學校培訓又做企業培訓又做自媒體，未來還在規劃其他項目。其實跨界只是表象，專注才是我真實的面目。

我還想分享一個朋友的小故事。

中國教育界有一位叫梅洪建的老師，他是中國教育界赫赫有名的專家，尤其在班級管理領域非常優秀，多次成為教育雜誌和報紙的封面人物，受邀舉辦了幾百場講座和示範課程。關於他的優秀教學案例和報告資料很多，我卻深刻地記住了他在自己寫的書中提到的一個小故事：他曾經不滿足於只當一名老師，想一邊教書一邊做生意，結果虧得一塌糊塗，後來終於想通了，一個普通人一輩子能做好的事情，可能只有一件，於是不再折騰，安安心心開始教書育人，結果沒幾年就取得一大堆榮譽。

做兩次生意都虧得一塌糊塗，可見梅洪建不是天才，只是個普通人。但專注讓他變成一個優秀的普通人。這種優秀普通人的故事，是我最喜歡的故事。

這本書，為誰而寫

這是一本關於思維方法的書，思維方法人人都需要，所以理論上任何人都可以是本書的讀者。但是從個人情感上來講，我更願意把這本書送給每一個平凡的普通人。

有些人特別幸運，或者是智商超高，從小學習毫不費力，邊玩邊學就從明星小學一路走到清華北大，然後去史丹佛或MIT讀個碩士博士，接著回國創業或進入企業擔任能拿股票分紅的核心技術專家。又或者是家底優厚，父母是政商大亨，高端人脈、啟動資源順手拈來，先拿五個億去試試錯，搞不成就再給一點。或者投胎出生到技術比較好、擁有高福利國家的北歐，人手一棟別墅，窗外風景比手機桌布還美，高福利低壓力，沒事就去環遊全球之類的。

但幸運兒總是少數，大多數人不僅沒有超高智商，沒有優厚的家庭背景，運氣往往也很一般，既不能拆遷補償一千萬，也不能押上二十注彩券中個特等獎。這些普通人從清華北大、哈佛、耶魯以外的學校畢業，沒有進入起薪五十萬、每年收入分紅增加五〇%的金融機構、諮詢顧問或頂級互聯網企業的核心部門。這些普通人二十五歲左右需要開始考慮如何升職加薪擺脫月光，二十八歲焦慮如何面對驚人的房價，三十二歲一邊背負高額房貸一邊擔憂孩子的上學問題。接著三十五歲到了，那麼公司會不會大量裁員呢？……

大多數普通人過的都是這種焦慮與壓力重重的生活。

不是天才，沒有背景，缺乏資源，起點為零的我們怎麼應對這樣的命運？天生的家庭背景、運氣、智力都是無法改變的，在我們能夠掌控的事物中，思維方法是我認為最能夠幫助改變命運的。對於出身平凡的普通人，除了思維，還有什麼更好的途徑嗎？

這本講授思維方法的書，就是送給這樣的普通人。

本書分為兩個部分。上篇「技術大師」講授各種技術類思維方法，它們能夠幫助你處理生活中的具體問題和工作任務。「思維邏輯鏈」讓人的思維層次更深一點；「視覺化思維」能夠處理訊息很繁雜的難題；「換位思維」讓人看問題時有更開闊的視角，並能體察別人的想法；「流程思維」讓人能夠把一件事情做細做好。我寫下這些思維方法，希望能幫助疲於應付每日工作生活的普通人。

下篇「思維的格局」講授各種格局類思維方法，它們能幫助你站在更高層面上認知事物的規律，找到正確的大方向，讓你的努力不會白費。「生態思維」讓人洞察複雜生態中潛藏的機會；「系統思維」讓人理解事物的複雜因果規律；「大勢思維」讓你看清未來趨勢，學會借助時代的力量；「兵法思維」則指出生命中的陷阱，讓你在漫長的發展中保持不敗，也不要陷入兩難的被動情景；最後，慢即是快，指出普通人的最佳策略是專注，透過專注，普通人也能取得相當的成就。我寫下這些思維方法，希望能幫助看不清大方向的普通人，希望他們能夠過好這一生。

一切都接近完美，又有技術，又有格局，找一個方向專注下去吧。只是關於專注，還有最後一個問題——

如果已經在一個領域中專注耕耘了很長時間，但依然無法取得成果，又該怎麼辦？

比較簡單的回答是，可能方向錯了，或者努力的方法不對，這種情況下你可能需要再去研究研究大勢思維、兵法思維等內容。但如果只是僅此而已，這個問題就沒有太大的意義了。上述問題的終極意義在於，有時候一切都是對的，既非常專注，專注的領域也是正確的，而且還很講究方法，明明一切都努力到極限了，但依然沒有取得成果，又該怎麼辦？

這是命運嗎？我們該認命嗎？

在本書的最後一點點文字裡，我願意送你一個圖騰。這就是我曾在視覺化思維一章中提過的，我這一生都在堅守、也將會繼續堅守的重要精神圖騰。

第四節　送你一個精神圖騰

在這個鼓吹少年得志的時代，我更偏愛大器晚成

四大名著之一的《三國演義》改編於《三國志》，自身有多個版本，並且被改編成電視劇。電視劇也不止一個版本，公認比較經典的是一九九四年的老版本，但我個人更喜歡二〇一〇年版的《三國》。這個版本與老版本相比有一定改動，添加了編劇自己的理解和想像，其中一個改編重點在後半段對於司馬懿這個角色的故事修改。一九九四年版是純粹的蜀漢偏向，而二〇一〇年版則加入更多的魏國視角，後半段則全然切換成司馬懿視角，即司馬懿成了主角。

對新版的各種改編，爭議眾多，有人認為部分角色拍得比一九九四年版弱了。但對司馬懿的人物塑造，我覺得遠勝老三國，並且意境深遠。

精神的圖騰

司馬懿有成就事業的志向，按照新版的劇情，他在赤壁之戰後向曹操毛遂自薦，希望贏取功名。這個時機把握的非常好，正是曹操赤壁戰敗、大局混亂急需用人之時。從這個時機的選取可以看出，司馬懿有很高的思維格局，能夠看清時代大趨勢，既明白曹魏的實力依然處於優勢，又能把握它短暫的低迷期給自己帶來發展機會，如同大牛市早期精確地找一個回檔的低點介入。

可惜曹操太聰明又太謹慎，認為司馬懿太過聰明需要防範，一直壓著他，既用他的才華能力，又不讓他上位，高官不給做，兵權不讓拿。費盡心力輔佐曹操幾年，司馬懿也算是專注努力過，但沒有撈到半點便宜。

但是他聰明啊，他做事特別講究方法，他對大勢的拿捏很到位。他根據當前的三國實力推算出，曹操有生之年不可能平定天下，因此立刻開始從曹操的下一代中選人進行輔佐。他慧眼識人，從一開始就選擇了正確的人──曹丕。他當了多年盡職盡責的老師，勤勤懇懇地指導曹丕應對考試、籠絡士族、收買天下人心，一直等到曹丕登基，還幫曹丕平定了包括曹彰叛亂的內憂外患。但是曹操死前卻給曹丕叮囑：「司馬懿可用，但不可使之掌兵權。」

接受司馬懿多年教導的曹丕，這一次遵守了曹操的臨終教導，如同自己的父親一樣，他在位時又是一邊用司馬懿，一邊防著司馬懿，甚至還安插臥底——一個美貌端莊的女僕到司馬懿家中監視他的一舉一動。

忠心耿耿輔佐了曹丕一生，卻被提防到連個小官都做不成，還被監視到家裡來，司馬懿過得真是窩囊。他犯了什麼錯誤嗎？沒有任何錯誤，只是命運刻意地要玩弄他而已。曹丕在位六年，司馬懿努力了六年，又是一無所獲的六年。

可是司馬懿能忍，忍過了曹操，再忍曹丕。悲劇再一次發生了。曹丕病死前，如同其父曹操那樣，叮囑下一任繼位者曹叡：「司馬懿有才，可用，但不可讓他掌兵權。」

於是打壓司馬懿的接力棒交到了曹叡手上。

曹叡在位十三年，又是司馬懿被不斷當苦力使用卻仍得不到任何報酬的十三年。不僅曹叡對他頗不放心，曹休、曹真以及曹真之子曹爽，更是對他萬般刁難、千方百計排擠陷害。這段時期是諸葛亮北伐的高峰，連戰連勝，魏國上下震動，亡國的恐懼在朝野瀰漫。但司馬懿率軍於街亭大敗諸葛亮，拯救了曹魏帝國。

回朝領賞，你猜皇帝會賞賜你什麼呢？

會拿你問罪，說你故意放跑諸葛亮，差點要殺你。

每一次諸葛亮來襲，司馬懿都會被調到前線去抗敵，打完勝仗以後回朝，立刻又被或明或暗地罷免，棄之於一旁，反反覆覆地被教育什麼叫兔死狗烹。司馬懿在曹叡這一代努力了十三年，用盡各種大戰略小戰術和方法論，依然沒有取得什麼成就。

接著是曹芳。曹芳年幼繼位，司馬懿的死敵曹爽實際控制了政權，每天都在思考如何要司馬懿的命。更可怕的是，曹爽並不是一個昏庸無能的傻瓜，而是一個心思活絡、文武皆通的能人。司馬懿被曹爽嚴防死守，一直到七十歲還沒有任何翻身的機會。

可以說，司馬懿每一步都沒有走錯，看清了大格局，也善用小方法，一生專注於帶兵打仗建功立業這一件事，持續努力了幾十年卻毫無建樹，還險象環生朝不保夕。我時常揣測，若歷史真如電視劇中那般，司馬懿心中會是怎樣的感想？他有沒有長夜痛哭過？有沒有咒罵過命運？有沒有想過無奈放棄、了此殘生？

一直到公元二四九年，司馬懿已經七十歲，一個不起眼的小機會出現了：曹爽帶領百官陪同皇帝曹芳出城掃墓，京城空虛。如第八章「兵法思維」中所述，勝可知，不可為，就這樣一個微小的機會，司馬懿等到了，看懂了，抓住了，兵變成功推翻曹爽的控制，掌握了京城政權，實現了一生的志願。

司馬懿，人稱塚虎的智謀之士，直到七十歲才做出能向自己一生有個交代的事業。如果從七歲上學開始算起，他努力了六十四年。如果從他二十二歲當小官開始算起，他努力了四十八年。

誰敢說自己的才華超過司馬懿？誰敢說自己的努力超過司馬懿？而在色彩紛呈的社會

裡，誰不是今天想做自媒體網紅、明天想開個淘寶店的，哪裡比得上司馬懿幾十年不變地專注於一個領域？

可是即便所有優點都湊齊了，司馬懿還是熬了將近五十年，終於把所有敵人全熬過去，終於熬到翻身的機會。你可以從兩個方向理解這句話：

第一個方向，所有優點都湊齊了，司馬懿還是熬了五十年；第二個方向，儘管命運如此殘酷曲折，但司馬懿通過五十年的持續努力，終於熬出了機會，掙脫命運之手。

你喜歡哪個方向呢？我更偏愛第二個方向。

司馬懿的故事告訴我們，即便用最正確的方法專注地持續努力，命運依然可以如此玩弄你。但命運最終耗不過時間，在漫長的歲月裡，命運的一個微小疏忽，就會給你成就自己的機會。另外說明一下，這裡不需要糾結二〇一〇年版電視劇中司馬懿的經歷是真是假，歷史上的司馬懿實際如何，他只是一個圖騰，代表了一種精神。

大概率的人生下半場

在這個鼓吹少年得志的時代，我更喜歡大器晚成的故事。

少年得志是天才的小徑，大器晚成才是凡人的正確道路。這不僅是司馬懿作為精神圖騰給予我的感受，也是概率學所告訴我們的道理。

你可以思考一個近似的數學公式：

$$P=1-(1-P_1)\times(1-P_2)\times(1-P_3)\times(1-P_4)\times\cdots\cdots(1-P_n)$$

一般來說，人只要抓住一次大的機會就能有所成就，後續不要犯特別嚴重的錯誤就好了。在上述假設中，P是你這一生能有所成就的概率。1、2等則代表每一次機會下能夠成功的概率。$(1-P_1)\times(1-P_2)\times(1-P_3)\times(1-P_4)\times\cdots\cdots(1-P_n)$代表每一次機會你都去拚搏，並且全部失敗的概率。

只要抓住一次機會就能有所成就，如果這一次不成功就繼續努力，等待下一次機會。會不會永遠不成功呢？對於資源匱乏、天賦平常的人，P_1、P_2……P_n，都很小，假設只有一〇%。但是只要你持續努力，機會能有多少呢？

$n=3$時，三次機會，全部失敗的概率為$0.9^3=0.73$，成功的概率為0.27；

$n=5$時，五次機會，全部失敗的概率為$0.9^5=0.6$，成功的概率為0.4；

$n=10$時，十次機會，全部失敗的概率為$0.9^{10}=0.35$，成功的概率為0.65；

$n=15$時，十五次機會，全部失敗的概率為$0.9^{15}=0.2$，成功的概率為0.8；

……

越到後面，成功的概率越大，越到後面，人生越精彩。

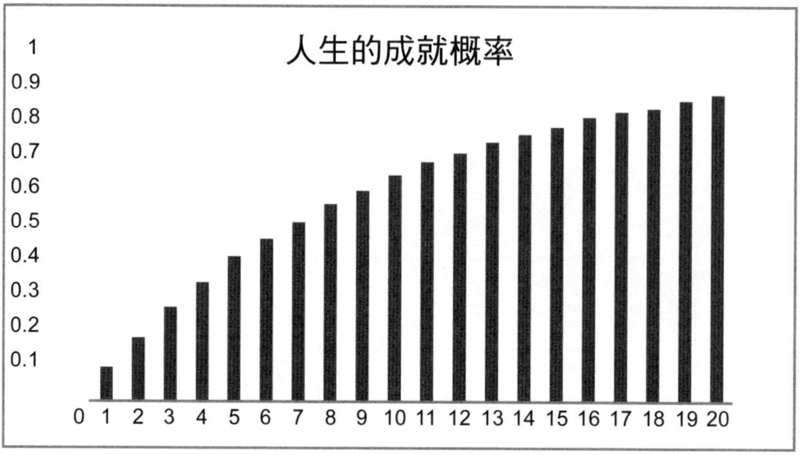

圖三十五

平均來講，人的一生每三年就會有一次機會。三年這個資料是經過社會檢驗的，比如工作二至三年後，初階管理職位是一次機會；工作三至四年後，中階管理職位是一次機會；再過三至五年資源成熟，創業是一次機會……

總之，平均三年一次的機會，持續努力等來十五次機會，即是四十五年。持續努力了四十五年，即便你一開始很平庸，最後有所成就的概率也有八〇%了。更何況，這還是假設你每次的失敗率高達九〇%呢。如果失敗率只有八〇%又會怎樣？如果是五〇%又會怎樣？這個勝率是非常高的了。

只要你耐得住這個時間。

從稍微懂事一點的大學時代開始算起，十五次機會四十五年的努力，是六十五歲。十次機會三十年的努力，是五十歲，五次機會十五年的努力，也超過三十五歲了。那些三十歲就開始焦慮絕望乃至放棄的人，他們沒有意識到自己的概率公式其實正在運行，還沒有等到精彩的後半段，他們早早就放棄了努力，更放棄了方法和專注，錯過概率無限逼近百分之百的後半場。

今天我們談論如何取得一點成就，過稍微體面、優雅而愉快的生活，大部分人都沒有面臨司馬懿那般的逆境。你既沒有動不動就想殺你的老闆，也沒有把你當成一生死敵的同事。古時候天下就那麼點地方，被帝王權臣盯上了根本就沒逃命之處，而你在資訊發達的互聯網時代，卻能隨時為自己的一生調整方向。如果你有司馬懿的能力和持續努力的忍耐力，相信你用不著熬五十年，很容易就能成就自己。

我們的問題是太過急躁了，今天蹦出個二十五歲百度副總裁李叫獸，明天又來個二十二歲創業融資一千萬馬佳佳。以至於年過三十以後，很多人就覺得人生看不到希望，覺得已經過了事業的黃金期，開始苦悶彷徨。

沒有資源，不是天才，你的命運最大的勝算其實就是概率與時間。如果說努力和方法開**啟了成就的可能，專注讓這個可能有了一定的提升，那麼漫長的生命和時間則將這個概率提**

高到可以接受的程度，讓你第一次有了對抗命運的主動權。

在漫長一生的時間尺度上，錯失一次機會不是問題，眼前暫時不能解決的困難不是問題，走錯一兩步路不是問題，只要你在持續努力。

命運啊，你在天上俯首嘲笑我的渺小，我在地上默默地忍啊、熬啊，總有一天要耗死你。

墓誌銘

我的書桌前貼了一張司馬懿的圖像，我抬頭的時候偶爾會瞟到它。

我出生於一個湖北的五線小城市。我的父母都是最平凡的人，他們出生於小城周邊的農村，來到小城裡打工然後安家。我出生時父親在一個事業單位當基層員工，母親則成了家庭主婦。

我上的小學初中都很普通，依據戶口就近入學。高中是本市最好的一所，但如果放到北京、上海等大城市也是不入流的。後來耗盡全力也沒考上清華北大，更不用提出國留學了，既因為沒錢，也因為底層家庭出生根本不知道出國是什麼東西，連托福、雅思這樣的名詞都沒聽過。我在大學裡掙扎摸索了很久，因為小城市貧窮狹隘的原罪，搞不清楚人生的方向，也不知道社會的模樣。初入社會的幾年，我繼續付出目光狹隘、見識淺薄的代價，在事業一開始就走了彎路。一轉眼，黃金般的年華就浪費了好幾年。

我一抬頭就看見這樣一波人，他們出生於大城市的良好家庭，從小接觸尖端資訊，視野開闊，從國家級重點高中輕易考上清華北大，乃至哈佛、耶魯、史丹佛、MIT，然後一路高舉高打披荊斬棘，年紀輕輕擔任高管或者創業成功，三十歲不到就可以人生登頂了。

幾年前我曾無比羨慕這些人，羨慕得幾乎要喪失前進的動力。我長年累月徹夜難眠地思考這一生該如何度過，也會想到那些和我一樣出身平凡、缺乏資源和背景的人困頓於命運中無法掙脫，每每悲從中來。

然而今天，我的書桌前有一張司馬懿的圖像，我抬頭的時候偶爾會瞟到它。我逐漸意識到我命中注定不可能少年得志，小城市的平庸出身決定了我必然在二十多歲的時候目光狹隘，注定了我必定比大城市中資源優越的同齡人要慢上好幾年。

於是我接受這一點，我就再多熬幾年。我就多努力幾年，多學習幾年，多專注幾年。

我把目標訂為，在三十五歲的時候達成天才優越者們二十五歲達成的成就，在四十五歲甚至五十五歲時再尋找他們三十五歲之前就有的登頂機會。我立志成為一個大器晚成的人，哪怕是很晚很晚。對於和我一樣命運平凡、起點卑微的普通人，我把這個精神圖騰與這份信心，隨著本書中的各種思維方法一併送給你們。

我一直說，人的一生要有所成就。成就並不一定是名車豪宅，富甲一方，而是人活了一輩子，要對自己有個交代。這個交代，常常是和自己的事業發展有關聯，至少在當今高壓而焦慮的時代，有能力給自己一點放鬆和優雅，給親人一點庇護。更不用提，倘若你心中還有遠大夢想與追求，你的一生就不會是靜止的湖水，很有可能是大浪滔天的一生，是不斷戰鬥的一生。

從思維的技術到思維的格局，再到專注努力與漫長人生中堅忍的精神圖騰，這就是我要對你講的故事。至於我自己，希望未來我離開世界的時候，我的墓碑上可以這樣寫：

此人出身平庸，少年也不得志，但在死之前，已經成為一個略有成就的人。

本章結語

專注努力與漫長命運旅程中的堅忍，是普通人命運破局的武器

這是個焦慮的時代，沒有背景、缺乏資源的大多數普通人，迷茫而疲憊地面對著自己命運的困局。我講述思維的技術、思維的格局，最後在本章中提到專注的努力與漫長命運旅程中的堅忍，這正是普通人破局的武器。

你我都在命運的局中出生，但誰會在樊籠裡終老？《深度思維》講述的不僅是思維的技術與格局，也是人生的策略和對平庸命運的抗爭。

這是本章結語，也是本書結語。本書故事，在此暫時謝幕。祝你身體自由、思維自由、靈魂自由。

再見。

深度思維（二版）：讓邏輯思維更強大，打造更厲害的自己

作　　者　葉修
責任編輯　夏于翔
校　　對　魏秋綢
內頁構成　陳玟憶
封面美術　江孟達工作室

發 行 人　蘇拾平
總 編 輯　蘇拾平
副總編輯　王辰元
資深主編　夏于翔
主　　編　李明瑾
業　　務　王綬晨、邱紹溢
行　　銷　廖倚萱
出　　版　日出出版
　　　　　地址：10544台北市松山區復興北路333號11樓之4
　　　　　電話：02-2718-2001　傳真：02-2718-1258
　　　　　網址：www.sunrisepress.com.tw
　　　　　E-mail信箱：sunrisepress@andbooks.com.tw
發　　行　大雁文化事業股份有限公司
　　　　　地址：10544台北市松山區復興北路333號11樓之4
　　　　　電話：02-2718-2001　傳真：02-2718-1258
　　　　　讀者服務信箱：andbooks@andbooks.com.tw
　　　　　劃撥帳號：19983379　戶名：大雁文化事業股份有限公司

印　　刷　中原造像股份有限公司
二版一刷　2023年5月
定　　價　480元
I S B N　978-626-7261-46-0

原書名：《深度思維》
作者：葉修

國家圖書館出版品預行編目（CIP）資料

深度思維：讓邏輯思維更強大，打造更厲害的自己／葉修 著. -- 二版. -- 臺北市：日出出版：大雁文化事業股份有限公司發行, 2023.05
336面；15×21公分

ISBN 978-626-7261-46-0（平裝）
1.CST: 思維方法 2.CST: 成功法

176.4　　112006611